边读边写 大语文

高万祥老师的语文课

高万祥 —— 著

大夏书系 | 语文之道

华东师范大学出版社

·上海·

图书在版编目（CIP）数据

边读边写大语文：高万祥老师的语文课／高万祥著.
—上海：华东师范大学出版社，2023
ISBN 978-7-5760-3827-9

I.①边… II.①高… III.①中学语文课—教学研究 IV.① G633.302

中国国家版本馆 CIP 数据核字（2023）第 088119 号

大夏书系 ┃ 语文之道

边读边写大语文——高万祥老师的语文课

著　　者	高万祥	
策划编辑	李永梅	
责任编辑	万丽丽	
责任校对	杨　坤	
装帧设计	奇文云海·设计顾问	

出版发行	华东师范大学出版社
社　　址	上海市中山北路 3663 号　邮编 200062
网　　址	www.ecnupress.com.cn
电　　话	021-60821666　行政传真 021-62572105
客服电话	021-62865537
邮购电话	021-62869887
地　　址	上海市中山北路 3663 号华东师范大学校内先锋路口
网　　店	http://hdsdcbs.tmall.com/

印 刷 者	北京季蜂印刷有限公司
开　　本	700×1000　16 开
印　　张	17
字　　数	250 千字
版　　次	2023 年 6 月第一版
印　　次	2023 年 6 月第一次
印　　数	6 100
书　　号	ISBN 978-7-5760-3827-9
定　　价	62.00 元

出 版 人　　王　焰

（如发现本版图书有印订质量问题，请寄回本社市场部调换或电话021-62865537联系）

目录

第一辑　说文解字

第二辑　妙趣横生

第三辑　经典悦读

第四辑 文采风流

第五辑　笔可生花

序 一
大语文须大锅炖煮

相传苏东坡任翰林学士时，曾问幕士："我词何如柳七（即柳永）？"幕士答曰："柳郎中词只合十七八岁女郎，执红牙板，歌'杨柳岸晓风残月'。学士词须关西大汉，铜琵琶、铁绰板，唱'大江东去'。"苏东坡大笑不止。

苏东坡的词须关西大汉手持铜琵琶、铁绰板方能唱出，而在我看来，高万祥老师的大语文亦有此等气象，须由大锅炖煮方能汤浓汁美，而小锅小灶是炖不出语文的湖海之味的。

高万祥老师是大语文的守望者。"大语文"是"大语文教育"的简称，最早由特级教师张孝纯先生提出，主张语文教学与生活相结合。《语文学习》杂志的封面上一直印有美国教育家华特·科勒涅斯的一句名言："语文学习的外延与生活的外延相等。"这句话很好地揭示了语文学习与生活的关系。语文是开放性很强的学科，于漪老师就说过："语文与生活同在，把学生关在教室里、局限在课本中，必然远离实践。"2022 年版课标也提倡将语文学习与时代生活结合起来。将语文与生活分开，表面看来是守护了语文的独立性，而实际上是阻断了语文学习的源头活水。生活是语文学习的大地，而语文学习也可以更好地反哺生活。高万祥老师几十年如一日，践行和研究大语文教育，呼吁让学生"用语文走遍天下，让学生因为语文而幸福一生"，体现了他对语文本体与功能的独特理解。

"高万祥大语文"的"大"不仅体现在大外延，还体现在大融合。语文的"文"包含文字、文学、文化等。这本书的不少篇章都是说文解字、咬文嚼字，带着浓浓的语文味。"老""头""吃"……每一个普通汉字的背后都有鲜活的故事与文化。《语文名词中的人间烟火》《语文名词中的前尘影事》《语文名词中的时代烙印》，高老师一口气连写几篇来谈论语文名词，探析其背后的生命、时代与文化。《文白之雅》《当老外遇见汉语》《老娘的老话》《从诗歌开始爱上母语》……单是题目，就流露出他对语言文字、对母语文化的深爱。而《文学是我们的星星和月亮》《亲近莫言》《海边的猫村》《千代化鸟和蝴蝶双双》《畅游在文学长河里的鱼》等众多篇目，则是高老师践行文学阅读的真实记录。

这本书还体现出听说读写的深度融合。高老师主张"作文是阅读下的蛋"，主张打通读写。这本书的不少篇目，来自他的语文课堂。高老师退休后，依然心系语文，创办了"老高私塾"，所带弟子从小学至中学，各年级均有。他自己开发课程、编写教材、精选文本，以整本书阅读为主，注重以读引写，以写促读，读写融合。除了书面表达外，高老师还特别注重口头表达。本书里的《好话放在最后说》《有一种口才叫委婉》等，都能看出高老师对说话训练的重视。

"高万祥大语文"还有一种不同凡响的气质——大格局。随着专业分类的精细化趋向，知识分子越来越丧失了通识意识，沉迷于狭隘的知识学问的精雕细琢，缺少了宽阔的思维视野，其工具性人格日益突出。高万祥老师的可贵之处在于，他用超越性思维，直指当代教育的病灶，不在"术"的层面费力，而力求从"道"的层面对当前教育发挥积极影响。他一直提倡教师要多读人文经典，培养大情怀、大智慧。他认为，教师应少读甚至不读那些工具性太强的书。在文本选择上坚持高标准，如他所言"选取最经典的故事，选择离孩子心灵最近的文字"，如莫言、余华、刘绍棠、林海音、沈石溪、安房直子等。

高万祥老师是资深语文特级教师，其40余年教学经验凝成的语文教育思想在当下不仅没有过时，反而有着重要的启示意义。当"整本书阅读"成为如今语文教学研究热点之时，高老师早就带着学生一本一本地"啃"过很多经典著作。在教学中，他通过设计富有趣味的读写任务，让学生沉浸在优秀作品中，沉潜涵泳，内化运用，真正提升学生的语文素养。高万祥老师说："语文教学的最大弊端是急功近利，见分不见人，练武不练功。"基于这样的思考，他以自觉的课程意识，带领学生大量读写，以最朴素的诵读、理解、感悟、积累和运用，用看似最笨的功夫帮助学生构建语言和生命的巍巍大厦。

"高万祥大语文"的"大"是一种宏大气象和高远境界，而"大"的背后则是他的人文底蕴、诗意生活和创造能力。

北师大出版社曾出版过当代富有影响的教育家成长丛书，其中有一本是《高万祥与人文教育》。的确，人文教育是高老师一以贯之的教育思想。高老师说："什么是人文？什么是人文教育？在我看来，人文就是人心，人文教育就是人心教育，人文关怀就是人心关怀。人的善良心、同情心、羞耻心、责任心、爱国心……这些都应该是第一位的教育内容和教育目的！也许，中国当代教育乃至中国当代社会的一切弊端，都缘于人文教育的失落。"与很多语文名师不同的是，高万祥老师是站在教育的高度来教学的，在育人的指引下来教书的，他的语文教育思想不可避免地受其人文教育思想影响，带着强烈的人文关怀。因此，他更重视"人"的教育，更重视精神和人格的修炼。这与他的人文底蕴有关。作为《中国教育报》首届推动读书十大人物之一，他博览群书，同时胸怀大爱，心忧天下，有传统士大夫的家国情怀。高万祥的博学多才与教育大爱，凝铸成他独特的人文底蕴。

高万祥老师早年出过一本书——《语文的诗意》。在应试教育如火如荼的当时，恰似一泓清泉，又如一声棒喝。语文的诗意滋养了高老师，他有一种超越功利的审美心态。茨威格在《狄更斯传》中写道："他（狄更斯）把平庸乏味的生活散文解救成了诗。"从平凡琐碎的生活中发现诗，让诗一样的金灿灿的阳光穿透浓厚的乌云去普照生活，这也正是高万祥老师的境界和追求。退休以后，他在苏州和老家张家港两地居住，时间相对宽裕，但他的生活照样诗意盎然。他写家乡的美食（如乐余羊肉、长江河豚等），他叙述着数十年仍保持着联系的恩师们，他还记录着自己外孙女的种种童真趣事……语文原本就是热气腾腾的人间生活，生活也经语文的滋养而变得诗意盎然。当读写成为一种生活方式，语文就成了对生活的解读和升华。高老师视语文为宗教，始终过着诗意而高贵的语文生活。

后来，高老师开通了一个微信公众号"姑苏北望"，这个名字颇有意味。我没有问过高老师，但据我猜想，此名含意大概有这样三点：一是对故乡的怀念。张家港位于苏州最北端，退休前高老师常居苏州，"北望"中自有怀乡之情。二是对老母的思念。在苏州时，高老师每天都要打一个电话给住在张家港的老母，拳拳孝心，溢于言表。三是寄托对张家港高级中学的深情。20多年前的张家港高级中学声名远扬，与时任校长的高老师密不可分。尤其值得称赞的是该校高中的语文组，这也是高老师经常挂在嘴边并引以为豪的。一批有才情的语文老师汇聚一处，同声相应，同气相求。高万祥校长邀请作家走进校园，莫言、周国平、曹文轩、范小青、叶永烈、曹建明等众多文坛大咖先后来到学校，与师生面对面深度交流，至今仍是语文界的一段佳话。高万祥校长还带领语文组同人编写《大语文阅读》，那些在应试教育环境中依然保持阅读的学生成为了受益者。2001年在中央电视台第二届"荣事达杯"电视节目主持人选拔大赛的颁奖晚会上，他的学生小沈获第二名。面对敬一丹的采访，小沈激动地说："我要特别感谢我中学时代的语文老师，他叫高万祥，他是对我人生道路影响最大的一个人！"其实，高万祥老师只教过沈同学一个学期，但他的坚持多读多写的大语文教学影响了小沈的人生。张家港高级中学，早已成为高万祥老师心中化不开的情缘，成为桃花源般的存在。也许，"姑苏北望"，正是在回望一段岁月、一段情缘。从张家港出发，又回到张家港。从语文出发，又回归语文。这样看高万祥的教育行走，似乎又应了他的关于"爱出者爱返"的人生箴言。

如今，高老师尽管退休多年，患有眼疾，但仍躬耕不辍。"姑苏北望"三五天即更新一篇新作，创造力与勤奋执着，于我也是一种激励。他这次将"姑苏北望"中的一些文章结集，还特地删去与语文较远的一些好文章，算是对语文教学的一次回顾与整理。不知不觉，高老师已将人生炖成一锅美味的大语文满汉全席。

大语文自然须大锅炖煮。当然，要辅以时间与爱。

徐　飞

（2022 年 3 月 26 日写于苏州）

序 二

语文怎样才能讨人喜欢

半个世纪以来，中小学语文总在受气，总不能讨人喜欢。为什么？

先要弄清一个问题：语文是什么？

在"万般皆下品，唯有读书高"的科举时代，语文是"书包翻身"（读书改变命运）的最好阶梯。

在"得语文者得高考"的应试教育的"悲惨世界"里，语文是拿高分进大学的敲门砖。

在乾坤朗朗、弊绝风清的社会，语文应该是一种快乐的分享——分享优美的文学，精彩的生命，丰厚的文化。

我庆幸，我这辈子选择做了教师，选择做了语文教师。我庆幸，退休后还在做语文教师。喜欢文学，钟情文字，喜欢孩子，留恋课堂。对我来说，每一次上课，都是我的朝圣，我的节日。

然而，一向被中国人爱在心里、捧在手里的语文，在最近几十年来，为什么总会受到尖锐批评，严厉指责，有人甚至说出了"语文误尽苍生"这样狠毒的话？

我以为，半个多世纪以来，有两句特别重要的话害苦了语文。

第一句，"美女就是坏女人"。这是50年前，小学语文课堂上的一句经典台词。孩子问什么是美女，语文老师回答，美女就是坏女人。这是那个年代语文教育的真实写照。

第二句，"得语文者得高考"。说这话的人，意在强调语文的重要。其实，这句话正赤裸裸地暴露了功利主义语文教学的真实嘴脸。什么时候，这句话能改一下，说"得语文者得人生"，语文就能真正受人欢迎、讨人喜欢了。

尽管语文不讨人喜欢，我还是庆幸，庆幸自己这辈子选择了做语文教师。因为选择了语文，就是选择了以文学为友，就是选择了一个一辈子能够不断读书的职业。世界上，其他的职业都只有一种乐趣，而语文教师却享受着两种乐趣：一是教书的快乐，二是读书的快乐。我读故我在。语文教师这个职业和语文课堂给了我一个机会，让我能幸福地生活在一个更加明亮的世界里。

2014年8月，我正式退休。可以说自己想说的话，见自己想见的人，做自己想做的事了。

我最想说的是文学，最想见的是学生，最想做的是上课——上语文课。

做校长不再上课的15年后，我重返讲台。我把自己的语文课堂称作"老高私塾"。我把自己的原创语文课程称作"老高大语文"。

我的课堂我做主。"老高大语文"是融经典素读和生活写作于一体的大语文，是回归文本，注重习得积累和体验感悟的原汁原味的真语文。选择离孩子心灵最近的文字，以整本书的精读品读为主，让学生真正领略母语的美妙和文学的美好，在获得良好语感积累的同时，获得心灵的丰富和精神的成长。阅读之后是贴近生活和情感的写作训练。读写之间，或者在内容上，或者在方法上，一定具备关联。50分钟左右，当堂完成交卷。每次都是考试，每次都是比赛。

我的语文课堂真正打通了读写。读写联结的纽带是生活。读，是体验和领悟生活的美；写，是分享和传播美的生活。这是一种边读边写的语文教学的"双面绣"。我庆幸，在从教30多年后，终于找到了大语文教育的正道光明。

从2016年1月开始，我一期一期地执教，小学，初中，高中，至今已有四十几期。其中还有半年病休停课。我乐此不疲，我信心满满。成功的关键，是教材都是经典中的经典。功夫在课外，我最着力的地方，或者说，我最大的本领就是选教材。我往往踌躇满志，信心满满，语文就应该这样学，语文就应该像我这样教！

不仅学生喜欢，我的大语文"双面绣"也得到了社会和同行的广泛认可。内蒙古呼和浩特市贝尔路小学，河南濮阳县教育局，近年来先后设立了"高万祥语文工作室"，请我对他们的中小学语文教师定期进行全员培训。贝尔路小学的一位教师在连听了我三天课以后说："不听高老师的课，不知语文有多美！"语文是美的。语文教师的生活和人生也因此而美丽！

我为什么喜欢语文？为什么喜欢做语文教师？因为我喜欢和从事的是真语文。

什么是真语文？真语文大教育带给孩子最重要的东西应该是什么？

退休后的从教，使我更加清醒地认识到，语文是美和善的源头，真语文就是以人为本的语文。真语文带给孩子最重要的东西应该是美好的情感和美好的人性。

学生的感受和社会的肯定，使我更坚定了一种认识：语文教学应该以文学为主。因为文学是语言的艺术，文学更是人学。文学往往传递生命中最宝贵的东西，如善良和慈悲。文学是美和善的源头，是善根福祉之所在。一辈子做语文教师，一辈子在追求一种境界，让孩子真正爱上文学，爱上写作，这才是语文教师的天职，才是积功积德的天下第一等好事。

我深信，我的大语文课程不仅能帮助学生考试拿高分，更重要的是，当他们升入大学或踏上工作岗位之后，当他们的人生走出足够远的时候，一定会回望老高大语文课堂那段美好的时光，向着读过的那些经典好书，向着少小时写下的那一篇篇的美文，投来深情的目光。

是为序。

高万祥

（2022 年 3 月 15 日写于姑苏"兆丰斋"）

说文解字

汉字就是如此美妙，简简单单的一个『安』字，包含了无尽的祝福和牵挂。象形会意，有情有义，有血有肉。汉字之美，美在变化万千，美在神情万种……

老大不一定老

老，年岁大，经历长，陈旧，蔬菜长过了时，食物火候过了头……

词典上，"老"就这么几个义项。但是，现代社会，我们对这个字的运用，却是十分广泛灵活，也生动有趣。

老婆。刚结婚的年轻人，相互称老公老婆，是十分亲昵的表现。但是，老，又是什么意思和用法呢？

老母鸡。年龄大的鸡吗？不见得。凡是发育成熟了的母鸡，统统称老母鸡，有点儿不合理，有点儿不公平。你看，公鸡再老，都称大公鸡。

老大。第一种用法，家中兄弟排行年龄最大的称老大。这符合词典上的规定。好朋友义结金兰，一般也按年龄排序，老大就是年长者。但是江湖上，老大这个名词，往往有点儿恐怖，有点儿令人望而生畏。因为凡打家劫舍、欺行霸市、专干坏事的流氓团伙或黑恶势力，叫老大的，不一定是年纪最大，而是最凶狠毒辣的头领。

老大不一定老。类似情况还有老头子不一定老。旧时代称老爷的人也不一定是老的。

老虎，老牛，老鼠，再常见不过的称呼，三岁孩子都知道。这里的"老"字，并不代表年龄和经历，它们一生下来就被冠上"老"字。有人用"鼠无大小皆称老"，征集下联，你能否提供答案呢？言归正传，我们称呼动物，没有老狮、老猪、老豹这样的说法。至于老鸭、老鹅、老羊、老鸡等，实际上是一个词组，老就是年岁大这个本义。需要提醒的是，鸡、鸭、鹅是老的好吃，猪、羊、鱼、虾等就不一定了。太老，长过了头，肉都嚼不烂了。所以，一般就没有老猪、老鱼这样的说法。至于老狗，常常不是说老了的狗，而是一句骂人的话。我实在不明白，动物中，为什么就为数不多者能称老呢？

老婆，老师，老板，老百姓，都是现代人使用频率很高的词语。老师的老，是词的前缀，没实在含义。老师，就是为师者，加个老字，双音节，更上口一些。但老板的老，老婆的老，老百姓的老又怎么解释呢？

生活有多丰富，语言就有多丰富精彩。老杨，老李，老沈，老赵……老爸，老妈，老伴，老乡，老家，老兄，老弟，老话，老同学，老同事，老上级，老部下，老伙伴，老朋友，老上海，老苏州，老地方，老照片，老马识途，老骥伏枥，老蚌生珠……很温暖，很亲切，有的还让人很羡慕。但一不小心，使用不当会造成麻烦。比如，老古董，老家伙……

（2021 年 9 月 28 日）

头，头头，头头是道

先看一个旅游方面的小段子——

北京看城头，天津看码头，上海看人头，苏州看桥头……

仅用一个名词，就把几个旅游名城的特色大致写了出来。不过，我感兴趣的是这里"头"字的用法。

在我们的日常生活中，"头"字的使用频率极高，组词功能也十分活跃，尽显汉语的活泼灵动和神奇美妙。

不言而喻，头的本义是指身体组成部分中的脑袋。头颅，头脑，头顶，光头……剃头呢？哦，剃的是头发。猪头，牛头，羊头，鱼头，鸭头……但是，丫头却不是它们的同类伙伴。

做词缀，跟在实词后面凑音节，意思比较虚化，这是"头"字最喜欢做的事。

砖头，木头，石头，骨头，舌头，拳头，榔头，芋头，馒头，镜头，街头，村头，田头……"头"字都是跟在名词后面的。那狮子头呢？难说了。

看头，吃头，做头，听头，想头……"头"要做动词的尾巴，一般都是"可以"的意思。看头，意思就是可以看看的，吃头就是可以吃吃的。以此类推，大同小异。劝人与人为善，得理且饶人，别做得过了头。动词"过"后面的"头"字，意思也比较实在。但在语言实际运用中，"头"字在守规矩的同时，也往往会调皮捣蛋，比如接头，同样是动词加"头"字，就不能用可以来解释了。

甜头，苦头，噱头，滑头，毒头，花头，老头，劲头……"头"字作为形容词的词缀，一般都不能望文生义。比如，苏州人嘴上的毒头是指傻瓜，花头在吴语里多指办法、本领。其他几个你能解释吗？

这里我必须介绍一组江苏的民间熟语：苏空头，扬嘘子，刁无锡，恶常州，南京大萝卜……让我特别生气的，是把苏州人说得一点儿面子也没有。苏空头，是批评苏州人做事不踏实，不切实际，比较虚伪务虚。更让我耿耿于怀的是，我们的邻居杭州人，外号竟然是"杭铁头"，多好听！现在该是为苏州人平反的时候了。这只需一个证据：大苏州的生产总值连年排在全国城市的第六位，这可不是空喊出来的吧？

扯远了，回到正题"头"字上。

墙头，城头，桥头，码头，船头，床头，车头，筷头，棒头，枝头，手指头，脚趾头，尽头……这里的"头"都是指物体的顶端或末梢。那么，吃面时加的浇头，这里的"头"字又怎么理解呢？又突然想起了小时候母亲给我做的棉鞋——老虎头。

上头，下头，里头，外头，前头，后头……这些都表示方位。而开头，有头有尾，年头，月头……则表示事情的起点或终点，也有的指时间在最前面。

头牌，头排，头功，头等，头条，好理解吧，都是第一的意思。而头头，头领，工头，猎头等，又都是领头或首领的意思了。

在读写时难以把握的是一词多义。摇头，点头，磕头，大头，山头，码头，火车头……摇头是否定，点头是同意。磕头是求饶或求助。大头指利益较大的那一部分。山头是你可以依靠的势力，码头是你得仰仗的实力派人物——当然这样说也许太江湖了一点。火车头是我们要跟随或学习的起带头作用的人。

布头布脑，零头……指物品的残余部分，这在"头"字的词语里属于小众的。

还有一些很难归类。丫头，来头，出头之日，手头有点儿紧，紧要关头……这里的"头"又是什么用法，什么意思？我搞不明白，兹求教于大方之家！

　　在"头"字的语言大家族里，有一个大家庭，就是成语和熟语。

　　头头是道，头角峥嵘，童头豁齿，百尺竿头，有头有脸，头面人物，呆头呆脑，一头雾水……这是成语。贱骨头，贼骨头，小鬼头，老头子，寿头，犟头，棒头上出孝子……这是熟语。我目前已经掌握的大约有30多个，你能补充多少？欢迎你和我交流互动，否则我就是剃头挑子——一头热了！

　　特别需要注意的是，成语和熟语，一般都是结构固定而不能随意更改文字，同时又拥有固定或特定含义不能随意解读。

　　"头"字的用法丰富复杂、精彩纷呈。"剪不断，理还乱，是离愁。别是一般滋味在心头。"用李煜的诗句来形容"头"字的大千世界，倒也十分贴切。不过，心头一词又怎样正确辨析呢？

（2021 年 12 月 12 日）

没有人不喜欢吃

　　吃是生命的需求；吃是一种古老的文化；吃，也是现代汉语中含义丰富、用途广泛、特别活跃的一个词语。

吃的本义不用多说。吃吃喝喝，大吃大喝，请吃，吃请，吃素，吃斋……这些都是基本用法。同时，由本义引申出吃的方式或地点，如吃食堂，吃馆子，吃大灶，吃喜酒，吃丧饭，吃快餐，吃盒饭，吃自助餐……

在《现代汉语词典》里，除本义外，吃的主要含义如下。

吃老本，靠山吃山靠水吃水，"吃"的意思是靠某种事物生存。

吃掉了敌人的一个团，先吃炮再跳马，这里"吃"是消灭的意思。

吃透了文件精神，我吃准他会来的，吃不准等，"吃"是领会的意思。

吃惊，吃亏，吃苦，吃重，吃批评，吃罪不起……吃，承受也。

吃力，吃劲，吃功夫等，吃，耗费也。

然而，在实际的语言生活中，吃有强大的组词功能，有灵活的用法变化，有神通广大的表情达意本领。这主要表现在成语和熟语之中，不信请看——

吃醋，吃紧，吃货，吃香，吃相，吃瘪……这是两个字的熟语，意思特定，不能套用上述义项。

吃皇粮，吃闲饭，吃干饭，吃独食，吃墨水，吃官司，吃拳头，吃苍蝇，吃红灯，吃回扣，吃鸭蛋，吃大户，吃罚款，吃豆腐，吃小灶，吃错药，吃不开，吃得起，吃得住，吃得消，吃份头，吃螺丝（狮）……这些三字熟语又是多么形象灵动！

吃里爬外，坐吃山空，吃后悔药，吃花生米，吃两家茶，吃闭门羹，吃哑巴亏，吃西北风，吃粉笔灰，吃定心丸，吃霸王餐，看菜吃饭，吃空心汤圆，吃人不吐骨头，吃力不讨好，吃一堑长一智，蜻蜓吃尾巴，一招鲜吃遍天，吃了上顿没下顿……这些都是四字及以上的成语熟语。

吃了秤砣——铁了心，哑巴吃黄连——有苦说不出。歇后语，俏皮话，幽默风趣，表现力非同一般。你能说出下列带吃字的歇后语的下半句吗——

吃饺子不吃馅，吃罐头没刀，吃饭馆住旅店，吃狼奶长大，吃了豹子胆，吃了隔壁谢对门，吃了烧酒穿皮袄，吃了五味想六味，吃了猪肝想猪心，吃棉花长大的，吃香蕉剥皮，吃枣子不吐核，吃着甘蔗爬山，吃鱼不吐骨头，吃着鸡抓着鸭，吃着碗里瞧着锅里，吃竹竿长大的……不会的来问我哦!

一个"吃"字,乾坤很大。有些"吃"字词语,蕴含丰富的人生哲理,往往是青少年的座右铭。如,吃亏是福,好汉不吃眼前亏,"吃得苦中苦,方为人上人"。

以上介绍吃的词语,下面跟大家聊聊吃的文化。

首先,我要告诉大家,中国人向来爱吃会吃。吃不仅是为了果腹,也是为了情感交流和社会交际。各种各样的饭局,构成了中国人情社会最亮丽的一道风景线。

婚宴,寿宴,家宴,国宴,生日宴,庆功宴,开业宴,升学宴,全羊宴……康熙和乾隆搞的千叟宴,旷古未有,空前绝后。

毕业酒,满月酒,百日酒,满期酒,树屋酒,乔迁酒,接风酒,饯行酒,订婚酒,开工酒……团圆饭,散伙饭,年夜饭……家人聚会,亲戚聚会,朋友聚会,同学聚会,同事聚会,老乡聚会,战友聚会……都离不开一个"吃"字。吃的名堂应有尽有,无奇不有。

不仅老百姓喜欢吃,古代的统治者也十分重视一个"吃"字。刘邦基本荡平天下后,衣锦还乡。江苏丰沛县令设宴招待,刘天子兴趣很浓,和大家大吃大喝整整三天三夜,并留下了《大风歌》这一千古不朽之作。

孔子时代,全国农村都往往会搞乡饮。朱元璋时代,全国农村都必须定期组织村聚。乡饮和村聚;说得通俗一点就是会餐,就是大吃大喝。当时为什么会制定如此国策?不言而喻,是想用美食和吃吃喝喝来凝聚人心,优化风气,稳定社会,从而巩固自己的统治。

回到吃的文化上。美食大国,中国烹饪很早就注重品位情趣,很讲究给美味佳肴取一个好听的名字。

对了,吃美食,首先吃的是名字。

佛跳墙,福建名菜,是用海参、鲍鱼、鱼翅、花菇等熬制的浓汤。据说,做这道正宗的菜,要在锅里熬上三天三夜。味道极为鲜美。

美人肝,用鸭子的胰脏在硬火上炊炒,是旧时南京名菜。听名字就很让人流口水。

松鼠鳜鱼，凤尾虾，全家福，狮子头，叫花鸡，东坡肉，将军过桥，宫保鸡丁，龙凤呈祥……出神入化，雅俗共赏。

好吃，会吃，首先要在菜肴名字上下足功夫啊！

（2021年12月16日）

在书桌上游山玩水

生活中，我们不能玩火却能玩水。游水，跳水，划水，潜水，涉水，趟水，戏水；水兵，水营，水雷，水枪，水车，水上飞机，水上坦克；水族馆，打水仗，泼水节，水上运动，水上世界，水上帆板，水上冲浪，水上漂流……我们可以尽情地游山玩水。

在汉语的浩渺世界里，有一片由几百个带水的词语组成的湖泊，那可是水大鱼多，水天一色，美丽无限；也真是万水千山，水光接天，美不胜收。

水是生命之源。世界上一切生命，都离不开空气和水。在我们语言交际的大千世界，水是最普通也是最伟大的一个名词。

生活有多丰富，语言就有多精彩。水组词造句的黏合功能特别强大，特别神奇。

我们每一个人都是从母亲的羊水里来到这个世界上的。然而时光如梭，流年似水，人生苦短，所以孔子站在水边发出感慨：逝者如斯夫，不舍昼夜。意思是说，时间和人生正如这流水一去不返。把生命比作流水，寄托无限情思，在这里，水成了世界上最宝贵的东西。

从物理学角度上说，人体的百分之七八十是水。女人是水做的，男人也是水做的。所以生命不能缺水，人体不能脱水，脑袋不能"进水"。

水是人类的朋友，也是人类的敌人。因为水能载舟亦能覆舟。一部中国社会的发展史，几乎就是一部人与水相伴相斗的历史。从大禹治水到都江堰水利工程；从浙江千岛湖新安江水电站、河南三门峡水电站、宁夏青铜峡水电站、四川二滩水电站，到湖北三峡水利枢纽、北京十三陵水库、跨越湖北和河南的南水北调丹江口大型水库……治理长江、黄河、淮河等水患，伴随一代代华夏儿女从远古走向今天。开挖大运河水道，和修筑万里长城一起，永远载入人类发展的伟大史册。

生物和生命离不开水。人类的生产生活离不开水。地理老师告诉我们，地球表面百分之七十一的地方是水。我生活在江南水乡，美丽的张家港市宛如一幅水墨江南。水秀山明，富甲一方，一个占地近千平方公里的县域，竟然流淌着约两千条水泊河流。所以张家港的经济是蛟龙得水，一飞冲天。

我爱家乡的水远山长、菽水承欢，我也爱祖国的碧水蓝天、山山水水。在一江春水向东流的春天，在水秀山明、风生水起的夏日，在秋水共长天一色的秋天，在滴水成冰的冬季，朝朝暮暮，我常常凝视着玻璃台板下面的中国地图，在书桌上寄情山水，神游祖国的奇山异水和青山绿水。

在水一方，我听风听水，似见美人归；一衣带水，我望穿秋水，不见故人来。如鱼得水，我是"近水楼台先得月"；"水土不服"，我也"春江水暖鸭先知"。弱水三千，只取一瓢饮；长江万里，一路水龙吟。如鱼饮水，我冷暖自知；山穷水尽，我泪水涟涟。清汤寡水我不嫌，水陆并陈我不拒。天水，衡水，丽水，三水，白水，六盘水……我走进水族寻常百姓家，高山流水，水乳交融，自喜君子之交淡如水；萍水相逢，镜花水月，可叹流水有意花无情。

水和生命结缘，水和文化同源。中国哲学的源头是五行学说。金、木、水、火、土，水是主要元素之一。我们的生产生活离不开水，语言交际离不开水，精神滋养也离不开水，否则就不会有"仁者乐山，智者乐水"和"心如止水"等说法了。

水渗透在生活的每一寸土地，水演绎了精彩绝伦的中华文学。中国最早以水为背景的作品是《诗经·蒹葭》。在水一方，宛在水中央，堪称千古绝唱。我们苏州最伟大的作家是两点水姓冯的冯梦龙，那是世界级大作家。我最喜欢的小说是《水浒传》。运用带水词语的作品，写得最好的是范仲淹。"云山苍苍，江水泱泱，先生之风，山高水长。"这短短 16 个字，足以百世流芳。

当然，在书桌上游山玩水，我也常有困惑。为什么形容女子的可爱要用水灵灵？为什么昆曲里会有水袖、水磨这样的专门术语？

最后，我还要向你推荐，如果你想知道真爱大爱的秘诀，那么请你读一本好书——《水知道答案》。

（2021 年 11 月 7 日）

"打"出一片汉语江湖

打，多义动词，很活跃，也多姿多彩。

"打，击也。"这是《说文解字》对它的解释。一种动作，就这么单一，就这么简单。

但是，这只能说明千百年前"打"字的运用现实，只是它的前世而非今生。随着社会生活的发展变化，这个字的含义和使用已变得十分丰富、复杂，变得精彩纷呈。

打人，打架，打击，打仗，打伤，打骂，打狗，打鸟，打鱼，攻打，打脸，殴打，打耳光，打游击，打伏击，打打杀杀，打鬼子，屈打成招，武松打虎，打鸡骂狗，打蛇打七寸……现代汉语中，这些词语里的"打"字，一般都是用的原始意义。有一出很著名的传统戏剧叫《打金枝》，这里的"打"字也是本义。

日常生活和语言运用中，人们的不少基本动作，常常用"打"来表示——

打毛衣，打扫，打扮，打工，打酱油，打酒，打醋，打水，打井，打桩，打捞，打鼓，打钟，打伞，打场，打灯笼，打更，打猎，打开，打拍子，打手势，打草，打字，打包，打稻谷，打麦子，打底稿，打草稿，打草图……"打"字的含义都是从本义引申开来，表示生活生产活动中的某种特殊的具体的动作行为。

生活有多丰富，语言就有多丰富、多精彩。

打雷，这个"打"字用得很特殊。打雷是自然现象，不是人的行为。"打"在这里的意思是发生，发出。而且，风雪雷雨雾等同类现象中，只有雷可以用打表示，其他都不行。不过，还有"打霜"这个词可以陪伴它。

很有意思的是，"打"字常常出现在体育运动和游戏活动中。打乒乓球，打篮球，打排球，打羽毛球，打台球，打网球，打比赛，打牌，打麻将，打秋千，打惯蛋……这些词仍然都和"打"的本义"击打"有关，仍然都和人的动作行为有关，但对象集中在体育活动和游戏活动这些特定范围。不过，有大量运动项目是不能用"打"字表示的。比如，射箭不能说打箭，跳高不能说打高等。打擂台，打配合，打反击等也是体育术语。

某些生理现象也用"打"组词表达。如打呼噜，打哈欠，打喷嚏，打哆嗦……这种情况下的"打"，和本义基本无关，只能说是一种约定俗成的特殊用法。

其实，表示人们相互之间的交际交往行为，才是"打"字在现代汉语中最活跃、经典的用法。

打官司，是一方和另一方发生的诉讼行为；打分，老师或特定人物给别人判定成绩。这都是从肢体动作转移发展为人的社会活动了，一般都是抽象的动作，和本义相去甚远。打击，打压，打理，打听，打趣，打岔，打抱不平，打搅，打动，打气，打消，打头，打杂，打烊，打的，打交道，打电话，打电报，打招呼，打暗号，打主意，打点，打赌，打马虎眼，打车，打票，打飞的，打基础，打埋伏，打草惊蛇，打躬作揖，打家劫舍，插科打诨，打情骂俏等，都是同一类用法。随着时代发展和生活变化，斑斓精彩的岁月催生出"打"字的一片汉语天地。

"打"字的这种社会化用法在惯用语中也比较活跃多见。打秋风，打包票，打退堂鼓，打官腔，打牙祭，打水漂，打哈哈，打光棍，打圆场，打黑枪，打横炮，打擂台，打天下，打酱油，打幌子，打屁股，打折扣，打嘴巴，打小算盘，打马虎眼，打落水狗，打老虎，打开天窗说亮话，打破砂锅问到底……

挂在群众口头的惯用语往往有特定含义，不能按字面解释、理解。打落水狗，是指彻底打垮已经失败但一有机会还会反扑的恶人。打老虎，往往用引申含义，即在斗争中集中打击惩处那些首要头面人物。现在的反腐，揪出高级别贪官，就叫"打老虎"。苍蝇老虎一起打，就是说不放过大小任何一个贪官。

（2021 年 9 月 23 日）

家里有什么

　　百年不遇的疫情，一场搅动世界的无妄之灾，让我们懂得了什么叫国泰民安，什么叫平安是福。

　　一路平安，出入平安，平安无事，平安是福，都是挂在中国人嘴上最常见的祝福话语。安邦治国，安家立业，安居乐业，安家落户，安分守己，安常处顺，安贫乐道，安然无恙，安民告示，安身立命，安枕无忧，安之若素，安闲自在，安乐窝……这些耳熟能详的词语，带给我们的都是满满的幸福、祥和的感觉。

　　汉字就是如此美妙，简简单单的一个"安"字，包含了无尽的祝福和牵挂。那么，什么是"安"？很简单，很直观，很有趣，也很丰富多彩——家里要有女人！在古代，当男子劳累一天回家，看到家里收拾得整整齐齐，女人端上热气腾腾的饭菜，一天的劳累、疲乏似乎得到了补偿，心里十分欣慰和宁静。此情此景，就是"安"。换句话说，家中有了女人，和和美美，才是一个能给生活带来安逸、闲适、宁静和温暖的地方，才算一个真正的家。

　　"安"在甲骨文里的字形，像是一个女人跪在屋子里向神灵祈祷，祈求外出打猎的男人平安归来。象形文字，老祖宗在造字的同时，也给了我们生活的教育和启迪。中国人特别重视家庭，人生天地，修身，齐家，治国，平天下。齐家和治理天下相提并论。这种理念是从造字时就开始的。

汉字表情达意，奥妙无穷。

教，教育孝为先。一个人只有先孝父母，才能明白事理，报效天下。

忍，忍字头上一把刀。刀和心保持距离，世界就是另一番天地。

信，一个人，加上言，意思是做人说话要讲诚信。

忠，把心放在中间。尽心曰忠。再和患比较。一个中心是忠，两个中心便为患，危险了。

贸，卯是时间，贝为金钱。卯时是早上五点到七点，做生意挣钱赶早不赶晚。时间就是金钱，古人早就有了这个思想。

茶，人在草木之间。这是喝茶的最高境界。

酒，酿酒的瓦瓶，加上液体的水，合起来表达意思。

解，用刀把牛和角分开。

鸣，口和鸟合成，一看便知道意思。

您，大家称"您"时，就是已经把你放在心上了。

假，世界上一切假的事情都是人做的。

姓，女和生组成，因为母系社会，只知有母，不知有父。中国人最早都是跟母亲姓的啊！

……

象形会意，有情有义，有血有肉。汉字之美，美在神韵。形象直观，一看大致可以知道意思内涵，而且触发情感想象。日和月组成明字，女和子组成好字。笑字令人欢快，哭字一看就想流泪。真是一字一世界。我们骄傲，这个世界上，只有汉字称得上是真正的文字。

汉字一字一珠，奥妙无穷。运用实用之外，游戏文字，往往意味深长，或平添乐趣。

汉末献帝时，董卓擅权，朝纲紊乱，百姓遭殃。因此京城百姓编制童谣："千里草，何青青；十日卜，不得生。"千里草，合为董字；十日卜，组成卓字。加上何青青，不得生，是诅咒董卓虽然威势赫赫，但终究逃不过惩罚。

王安石给人出了这样一个字谜："画时圆，写时方；冬时短，夏时长。"你知道是什么字吗？殿试时，宋真宗当面考核少年才子晏殊，出了这样一个字谜："古月照水水长流，水伴古月度春秋。留得水光映古月，碧波荡漾见泛舟。"哪个字？考考你，你能回答正确吗？

（2021 年 9 月 5 日）

牛年的第一堂"牛"课

——听老师说一说

　　小明啊，春节前你牛气冲天，豪言壮语多如牛毛，我就知道你吹牛不怕缴税，现在怎么像一只懒蜗牛了呢？你的牛劲儿哪里去了？你说要老鼠跟牛斗，大干一场的呢？哼，还说要老牛打滚大翻身呢，我看你现在是牛掉泥潭，越陷越深！你们这个班啊，牛骥同槽，参差不齐，我再老牛舐犊，为你们做牛做马，也都是老太婆嚼牛筋，白嚼嘴皮子啊！

　　小林啊，我看你真是一只犟牛。平时吹牛，说自己将来是牛顿。说什么，将来一定是牛背上翻跟头，有硬功夫，而决不会像牛鼻子上的跳蚤，自高自大。说什么工作要绣女爱针线，牧人爱牛羊，遇到困难绕道走，而不会像老牛打架——死顶！看你大话说得牛哄哄，但往往牛头不对马嘴。我看你是老牛已经过了河，连牛尾巴都抓不住了。醒醒吧，再也不要死钻牛角尖了。从今天开始如牛负重，读汗牛充栋之书，花九牛二虎之力，坚持杀鸡用牛刀，瞄准目标九牛拉不回，哪怕是牛马不如的生活，也要卧薪尝胆，而不能吴牛喘月。相信你，老牛亦解韶光贵，不用扬鞭自奋蹄！

　　孩子们，今天是牛年第一课，大家先喝点儿红牛振奋精神。我知道你们初生牛犊不怕虎，但关键要抓住牛鼻子，不能牛吃蟹一样盲目瞎干。首先分工要明确，驴推石磨牛耕田，各干各的。学习时要牛牵鼻子马抓鬃，知道关键在哪里。学习要主动，不能老被别人牵着牛鼻子走。大家合作共赢，最终才能牛吃草料鸭吃谷，各有各福……你们都能成为牛人，财富多得九牛一毛，做慈善好比牛鼎烹鸡。毕业后一定要和老师、同学多多联系，而不能泥牛入海无消息。

各位亲爱的同学，在辛丑牛年，让我们每一个人都做一头勤勤恳恳的老黄牛，学习、生活都更加牛，牛，牛！

（2021 年 2 月 15 日）

数词打擂台

在现代汉语的大千世界，数词千千万万，数不胜数。在现代人的生活和语言中，数词无处不在，无所不能，千姿百态。

某日，数词家族有人摆设擂台，要比武，要挑战，要让千万众生看一看，评一评，谁的本领最大，谁才是万花丛中一点红！

一马当先登台挑战的是一、二、三这三个小兄弟。

说好话，说表扬鼓励的话，说让人开心的话，我们三兄弟最行！一表人才、一表非凡，谁听了不高兴！淡泊名利、心地纯洁，我们称一片丹心，又称一片冰心在玉壶，听听就让人心花怒放。罕见之事叫一佛出世。鼓励人用人一己百。伯乐一顾，三生有幸。说话算数，说话有分量、有价值，称一言九鼎、一言千金。一日之雅，是说只见过一面。而一见面一交谈就相见恨晚，立马成了至交，叫一言定交。好朋友思念之深，称一日三秋。一夫一妻称一鞍一马。讲交情，讲友谊，有感恩仁义之心，称一饭千金、千金一饭。歌声美，文章好，是一字一珠。女子貌美动人，是一顾倾城、嫣然一笑、艳绝一时。一言兴邦，是指关键人物在关键场合说出的关键话语振兴了一个国家。二姓之好，婚姻大事，不能二三其德……

三兄弟一口气说了这么多，赢得台下一片喝彩。最后，他们还分享了"二分明月"这个典故。原来，隋唐时期，江苏扬州是十分繁华的一线城市，连我们苏州也属扬州管辖。唐诗有言，"天下三分明月夜，二分无赖是扬州"。二分明月从此成了千古传颂的扬州广告美言。

数词的世界真是有趣！

（2021 年 9 月 30 日）

五月初五说奇数

　　每年端午节来临之际，我总要为家乡苏州骄傲。因为苏州人端午节吃粽子纪念伍子胥，要早于全国性地祭祀屈原。因此，2009 年"中国端午节"评定世界非物质文化遗产时，是由湖北秭归县、湖南汨罗市和我们苏州市等四家单位联合提交申报材料的。春节、清明、端午、中秋，在我国四大传统节日里，只有端午节是因两位名人而诞生的。而且时至今日，在中国的所有重要节日里，端午节也是独一无二的，可见屈原和伍子胥是多么了不起。这也足以说明，苏州历史文化在全国有多么重要的地位。

　　端午，作为一个特定概念，就是指农历五月初五。伍子胥是不是五月初五殉难的？屈原是不是五月初五沉江的？这些也许已经很难考证确定，但从语文词语学角度看，古人表达神秘、喜庆的概念时，往往喜欢用奇（读 jī）数，倒确实是一个有规律的现象。正月初一春节，正月十五元宵节，五月初五端午节，七月初七情人节，八月十五中秋节，九月初九重阳节……吉祥欢乐的中国节日往往用奇数表示。现实生活中，人们把农历二月十五奉为百花生日的"百花节"，把三月初三定为王母娘娘的生日，把观音菩萨的生日选在农历二月十九，苏州人给老祖宗泰伯安排正月初九过生日……都是奇数，恐怕绝不会是无意为之。

在中国传统文化和日常的语言交际中，奇数十分活跃，也十分受人欢迎，讨人喜欢。

在古今汉语运用中，"三"字一向带着温度。三易其稿，三请四邀，隔三差五，三番五次，这里的"三"字，都表示数量多，但说话时，心情多少有点儿沉重或不满。有意思的是，许多情况下，凡是和三沾边的，都带着神圣或喜庆色彩：三字经，唐诗三百首，岁寒三友，三从四德，三纲五常，三军统帅。特别是科举考试的专有名词"连中三元"，任何人一听到就会竖起大拇指。古代科考，第一名称"元"。一个人，如果在最重要的乡试、会试、殿试这三试中连获第一，就被称为连中三元。这是非常非常不容易的。在一千多年的科举历史上，这样的超级学霸，一共才十几人。真正是一百年出一个的天才。我们苏州就有，他是清代乾隆朝状元钱棨，是我外孙女就读的平江实验学校的校友。苏州城里著名一景"三元坊"，就是为纪念他而建造。就是这样，"三"作为讨人喜欢的词语，活跃在我们的语言生活中。劝人时，我们会说"三思而后行"，"三人行必有我师"。怀念分别已久的好友，我们会说"一日三秋"。当说"三生有幸"时，你的脸上一定绽放着微笑。

回到五月初五的"五"字上。古往今来，"五"一直是一个十分重要甚至非常了不起的奇数。中国古代哲学用金木水火土这五种物质来说明世界万物的起源，这种"五行"学说，成为中国文化重要的组成部分。比如，中医学是用"五行"理论来解释生理病理上的种种现象。感谢上苍，让人类有了耳目口鼻舌组成的"五观"。为什么不是四观，不是六观，谁也说不清楚，也许是奇数在冥冥之中成全了人类。五谷，代指所有农作物；五味，表示各种复杂不悦的情感；五声，或五音，古人用来制定乐曲，从而构造了整个东方音乐的基本形态。了不起啊，伟大的"五"！

数字"七"在日常生活中是一个特别神秘的数字。三生万物，逢七必变。上帝造人造万物，用了六天，最后休息一天，就是星期天。在中国民间，一般都有为亡者做"头七""二七"直至"六七"的习俗。在这种语境里，"七"已经因为"往生""超生"的寄托而成为一个带着祝愿吉祥色彩的概念。奇数"七"

和普通百姓的日常生活紧密相连。你看，中国自古就有"开门七件事"的说法。每家每户，每天早上一开门，就要做好柴米油盐酱醋茶这七件事，这是必需的，是生活负担，也是生活乐趣。问题在于，为什么不多不少，正好是"七"呢?

最后再说说"十三"。中国人一般不喜欢这个数词，而且往往用它骂人，但也有例外。著名商标"王守义十三香"就是生动一例。

祝各位亲朋好友端午安康！注意，一般不能说"端午快乐"。个中道理，容我下回分解。

（2021 年 6 月 13 日端午节前夜）

在拟声词的世界里

我们每一个人，都是在哇哇的哭声中来到这个世界的。但是，你知道这个"哇"字属于哪一类词吗？

拟声词，也叫象声词。

部编版七年级下册《语文》课本里，有现代汉语知识短文《叹词和拟声词》。关于拟声词，短文就只有这样一句话的介绍——拟声词是模拟事物声音的词——这句话和《现代汉语词典》对拟声词的解释一字不差——下面配了三个例句，再无片言只语。

能在教材里用专门短文介绍，说明拟声词很重要，但又如此简单草率，有点儿令人遗憾。

如果说汉语是一个国度，那么各种性质的词语就是一个个不同的民族，拟声词应该是其中一个很有特色的少数民族。

拟声词，说话或文章中随处可见。拟声词的作用不小，看似可有可无，但缺了它还真是不行。更重要的是，拟声词用得好，能使说话或作文变得有声有色、活灵活现、如闻其声、如见其人，让语言在脑子里久久回响，不思量，自难忘。

我把拟声词大致分为四类——人的声音、动物的声音、物体的声音和自然界的声音。

下面我分别对四类拟声词作些举例分析。

人的声音

要描摹人物活动，写出人物个性，离开了拟声词，简直就是无米之炊。

回到我开头说的"哇"字上。哇一般形容大哭或呕吐的声音，但是哇啦又是吵闹声，带贬义。而哇里哇啦则是连续不断的说话声。

叽，叽咕，叽里咕噜，叽里呱啦，都是形容人的说话声，你知道有什么区别吗？

同样是笑的声音，哈哈和嘿嘿，不一样吧？

同样是写哭，眼泪落地，可以用扑簌簌，也可以用啪嗒啪嗒。真正的象声词，你能知道它们的细微差别了吧？而形容小孩的哭声，特别是新生婴儿的哭声，最为常见的就是呱呱了。注意，不要念错读音，呱呱坠地可是常会出现在考卷上的啊。

和呱呱读音相同的另一个象声词是咕咕，它是肚子饿时发出的声音。而它的"兄弟"咕噜，又是大口喝水的声音了。

都是心跳声，有时用怦怦，有时用卜卜，你知道区别吗？

同样是嘴巴里发出的声音，啧啧是咂嘴，咳哟是大声吆喝，呃呃是打嗝，嗳是应答。而吧嗒或吧嗒吧嗒，又是人抽烟时发出的声音。呼哧，呼啦，呼噜，有何异同？怎么样，一不小心就会用错吧？

动物的声音

动物的声音太丰富多彩了，只能大概例举。

呦呦鹿鸣，食野之苹。呦呦是鹿叫的声音。

牛，哞哞。羊，咩咩。公鸡，喔喔喔。母鸡，咕咕咕，或咯咯咯。青蛙，呱呱呱。鸭子，呱呱。

狼嚎，虎啸，狗吠。豹子，殴荷。大象，呦呦。蛇，嗞嗞嗞……

鸟鸣啾啾，麻雀喳喳。小鸟啾唧又是怎样的声音？鸟飞走了，可以用刷拉这个象声词。

海豚发出的是克啦——克啦声。蚊子、蜜蜂等昆虫，是嗡嗡声。

写人和动物的相处交往，特别是写动物题材的文章，离开了这一类拟声词，就只有一个结果，那就是语言干瘪，枯燥乏味。

物体的声音

大千世界，万事万物，各种声响应有尽有，限于见识和笔力，只能略数一二。

噼里啪啦写鞭炮或掌声，那噼和噼啪又怎么用？

啪，形容枪声、拍手声或物体撞击声。啪嗒和啪啦呢，又分别是怎样的声音？

咚，很常见。旧时城乡，都有打更报时的习俗。咚——咚！一慢一快，连打三次，这是一更。打一次又一次，连打几次，声音是咚！咚！那是二更。一直到五更，咚——咚！咚！咚！咚！声音一慢四快。百姓听声音就知道时辰，便于安排自己的作息和生活。一个简单的"咚"字，还有如此神通广大的社会作用，象声词真是功不可没。

那咕咚、咕嘟、咕隆又分别怎么用呢？

咔嚓、訇、嘣、笃笃、嘎吱嘎吱……你会读会用吗？

用拟声词烹制美味语言，恰到好处地多用这类形容物体声音的词，文章就会美到让人馋涎欲滴。

自然界的声音

自然万物发出的音响，可谓天籁之声，用得好，也能成为一道美丽的语言风景线。

咕隆，轰隆隆，都是打雷声。沙沙是小风声，而呼呼——是大风的声音。

淅淅、淅沥和淅沥沥都是小雨在吟唱。哗啦、哗哗、哗啦啦都是河水在欢歌。滴答，可以是水滴落声，也可以形容钟表的声音。雨滴滴沥沥地下了一整天，滴沥就只能写雨或水的声音。

我很喜欢流行歌曲《雨中即景》，刘文正的演唱真让我百听不厌。这首歌不仅旋律悦耳，歌词也特别优美：哗啦啦啦啦下雨了，看到大家嘛都在跑。叭叭叭叭计程车，他们的生意是特别好……朗朗上口，欢快幽默，让人有身临其境之感。烹制美味语言，象声词一定是上好食材。

好文章有一个共同的味道，那就是语言优美。那么，什么是语言优美呢？不是过分地修饰和运用华丽的辞藻，而是最准确地用对用好每一个词语。象声词用得好，语言就有声有色有味道，就能生动活泼地再现场景，表现个性，给人难忘甚至是过目不忘的印象。

写好文章从语言开始。写出好文章，从写好拟声词开始！

（2022 年 2 月 24 日）

打躬作揖和点头哈腰

今天奉献给各位的是好玩的"体态语言"。

爱看男乒选手马龙打球的人，一定会对他的一个经典动作有非常深刻的印象。每当关键比赛获胜，在第一时间感谢观众时，马龙总会双手举过头顶，高高地做出一个比心的手势。什么意思？没听马龙说过。我的理解，这是他向观众，也向所有关心帮助他的人，献上一颗感恩的心。

这就是体态语言，也叫肢体语言，也就是不用声音，而通过各种手势和身体动作表情达意，和人交流。这是一种无声的特殊语言。

最擅长和经常使用体态语言的，一定是聋哑人和舞蹈演员。但这不是他们的"专利"。

生活中，各种各样的人，都会自觉不自觉地在运用体态语言，有的甚至用得十分精彩生动。

生活中，体态语言无处不在，无时不在。握手，拉手，拍手，击掌，勾手指，挥手，拥抱，贴脸，亲吻，眨眼，扮鬼脸，点头，摇头，耸肩，吐舌头，伸出拇指，伸出拳头，跺脚，打躬作揖，点头哈腰……它们在特定的时间、场合，都具有特定的含义。有时，此时无声胜有声，体态语言的表达效果还非同寻常。

从平民百姓到王公贵族，从日常生活到国际交往，使用体态语言的经典故事数不胜数。

1972年2月21日，美国总统尼克松访华。当时，两国还没有建交，没有外交关系，他的访华堪称石破天惊。事后，尼克松曾高兴地说："我访华的一周，是改变世界的一周。"后来有人披露，在这次永垂青史的历史性事件中，有一个关于体态语言的细节，一直闪耀着特别的光辉。原来，尼克松精心构思了到中国后，走出飞机机舱的第一个动作——和前来机场迎接的中国总理周恩来握手。尼克松特别关照，在他走下飞机舷梯时，随行人员要和他保持一定距离，不要影响干扰了他和周恩来握手这个具备重大历史意义的体态语言！

体态语言是一种全世界通用的语言。比如尼克松和周恩来的握手。比如伸出食指和中指，组成英文字母"v"，表示胜利或欢庆，基本上全世界都通用。但是，必须注意的是，同一个肢体语言，在不同的地区、不同的民族、不同的国家，可能有着不同的意思。

伸出一只手，将拇指食指握成圈，美国人表示的是"ok"，法国有的地方表示的是零或什么都没有，日本东京人表示的是钱！

不管怎么说，体态语言的丰富，总归是情商高、会说话的表现。我在苏大附中做校长时，有一次开家长会，我走进了一个班级。到了家长和老师自由交流时间，一个韩国妈妈热情地和我交谈。尽管她的中国话讲得有点儿生硬，但她的肢体语言之丰富让我终生难忘。只见她说几句话就对着我鞠一个躬，说几句话就鞠一个躬。这让我大为感动。

（2021年10月24日）

用成语送好礼

母语在我们生活中无处不在。母语有一个骄子叫成语。

成语是一种特殊的词语，也叫固定词组。成语最重要的特征主要有以下两点。

第一，结构定型。成语一般由四个字组成，而且组织得很严密，不能随意改变它的结构。左右逢源，不能说成右左逢源；瞎子摸鱼，不能说成瞎子摸虾。

第二，意义精辟。大部分成语的意义是由整体来表示的，不像一般词组可以将词素相加。如乱七八糟，不是乱七加八糟；七上八下，不是七上加八下。

成语是我们中华民族母亲语言中的精华，主要表现在两个方面。

第一，传统语文教育特别重视成语。过去的儿童启蒙教材或读本，许多都采用四字格言的形式，其中有不少是成语。如《幼学琼林》里，管中窥豹，所见不多；坐井观天，知识不广；小过必察，谓之吹毛求疵；乘患相攻，谓之落井下石；临渊羡鱼，不如退而结网；扬汤止沸，不如去火抽薪。

第二，通俗文艺中大量使用成语。古代小说的一些标题，往往运用大量成语。如《红楼梦》中，村姥姥是信口开河，情哥哥偏寻根究底；人亡物在公子填词，蛇影杯弓颦卿绝粒。

正是因为教育和文艺，成语得以世代传承。今天，成语在我们的生活中无处不在。成语是我们社会交往中馈赠他人的一份好礼。

送给好朋友：总角之交，金石之交，金兰之契，管鲍之交，尔汝之交，抵掌而谈，抵足而眠，旧雨新知，一日三秋……

送给深受爱戴的老教师：朗目舒眉，菩萨低眉，菩萨心肠，老成练达，老马嘶风，白首之心，白首穷经，鲁殿灵光，年高德劭，莫道桑榆晚，为霞尚满天……

送给帅哥美女：城北徐公，楚楚不凡，貌比潘安，玉树临风，倜傥风流，气宇轩昂，春秋鼎盛，立地金刚，面如冠玉……唇红齿白，绰约多姿，峨眉皓齿，环肥燕瘦，蕙心兰质，出水芙蓉，捧心西子，柔枝嫩叶，秀外慧中，盈盈秋水，月里嫦娥……

送给体育健儿：龙争虎斗，鹿死谁手，略胜一筹，龙马精神，风云际会，先声夺人，左右开弓，匠石运斤，气冲牛斗，勇冠三军，南风不竞，痛饮黄龙……

送给时代楷模、道德模范：居仁由义，百世之师，百世不磨，德厚流光，济世匡时，江东独步，德隆望尊，斗重山齐，独步天下，泰山北斗，高山仰止，光风霁月，空谷幽兰，抱真守诚，昆山片玉……

送给美丽的春夏秋冬：草木蓁蓁，杂花生树，春和景明，春意阑珊，春深似海，轻风细柳，桃红柳绿，杏雨梨云，鸢飞鱼跃，燕舞莺啼，风轻云淡，风月无边，天高气清，晓风残月，月落乌啼，淡月梅花，碎琼乱玉……

送给吉祥虎年：生龙活虎，虎虎生威，龙腾虎跃，擒虎拿蛟，虎斗龙争，虎略龙韬，虎啸风生，擒龙伏虎，虎踞龙盘，虎头虎脑，虎背熊腰，虎跃龙腾，敲山震虎，虎啸龙吟，虎毒不食子，将门虎子，不入虎穴焉得虎子，初生牛犊不怕虎，明知山有虎偏向虎山行……狐狸骑老虎——狐假虎威，老虎吃算盘珠——心中有数，老虎出山——浑身是胆，老虎当马骑——有胆有魄，老虎推磨——不吃这一套，老虎拉车——我敢坐，老虎添翼——好威风，老虎拖象——大干一场……

成语言简意赅，以一当十，且便于流传记忆，千百年来一直是中国人语言生活中的宠儿。

2018年5月12日，江苏省公务员考试面试正式开考。其中一道题目是这样的——

青蛙对鸿鹄说，别人都说我是井底之蛙，我也向往碧海蓝天，但是我自己没有翅膀。鸿鹄说，你可以尝试在井水涨的时候跳出来。请结合公务员工作，谈谈这段话对你的启示。

这道题目对"鸿鹄之志""井底之蛙"两个寓言也是两个成语做了拓展。这道题的难点在于，正向或反向思维，都能够言之有理。

在日常的学习和生活中，我们往往离不开成语，但无论成年人还是学生，在实际使用成语时，往往会用错，甚至闹出一些笑话。其中，不理解成语的褒贬色彩是原因之一。

下面是小军同学写的作文《我的家》。

我家有爸爸妈妈和我三个人，每天早上出门，我们三人就分道扬镳，各奔前程，晚上又殊途同归。爸爸是建筑师，每天在工地上指手画脚；妈妈是售货员，每天在商店里来者不拒；我是学生，每天在教室里呆若木鸡。我们家三个成员臭味相投。但我成绩不好的时候，爸爸就同室操戈，心狠手辣地揍得我五体投地；妈妈在一旁袖手旁观，从不见义勇为。

短短100多字的文章，小军接连用了十几个成语，但大多用词不当。请你仔细看看是哪几个成语用错了，错在哪里。

（2022年2月11日）

语文名词中的人间烟火

语言源于生活。许多生活中的名词术语，因为反映、表现和创造生活，所以格外受人青睐。

家乡和故乡

人的一生中，可以去的地方无数，而可以回的地方只有一二。

这可以回的地方，就是家乡。

家乡是自己家庭世代居住的地方，是地理意义上一个具体的地址。一般说来，家乡只能有一处。

故乡也称故里，是自己出生或长期居住的地方。家乡只一个，故乡就不一定，可以有第一故乡，第二故乡。在回归和离别的过程中，才有了故乡的存在和概念。

两者的区别在于，家乡是自己祖辈生活的老家，却不一定是自己出生的地方；而故乡不一定是老家，但一定是自己的生养之地。

乡关何处，叶落归根，故土难离，中国人的家乡观念特别强烈。家乡几乎是每一个中国人念念不忘的根。走出家乡易，回归故乡难。故乡是漂泊在外的游子永远的精神家园。一个远在他乡的人，身体里一定装满了故乡。

故乡历来是文学的肥沃土壤。许多大作家，都是从写自己的故乡生活而登堂入室的。鲁迅、茅盾、叶圣陶、巴金、老舍、沈从文、莫言、路遥、陈忠实、贾平凹、林海音、曹文轩、沈石溪、刘绍棠……莫不如此。曹雪芹如果没有少年时代江南故乡的生活体验，恐怕也写不出《红楼梦》这样的经典巨著。这就告诉我们，了解作家的生活经历，是解读分析作品的一把钥匙。

故乡是一坛老酒，愈陈愈浓愈醉人。在汉语万千词语里，最激动人心和温暖情感的，一定是故乡和家乡了。

24 节气

24 节气，作为特别重要的名词和知识点，自古都是进入教材的必修内容。因为念过两年私塾，今年 96 岁的母亲，至今仍然能把 24 个节气背得滚瓜烂熟。她说，这是小时候老师教她的。

中国老祖宗独创的 24 节气，充满智慧和诗意。天象、气象、物象、世象的变化，都凝聚到一个个栩栩如生的节气之中。比如春季，立春、雨水、惊蛰、春分、清明，淋漓尽致、有声有色、有情有义地诉说着春之节奏的华美。

现在的学校和家庭都比较重视给孩子传授 24 节气的相关知识，但可能一般都停留在背诵和知识掌握层面，这是远远不够的。我倡导，把 24 个节气当作24 个节日看待。每逢节气之日，该看、该听、该读、该做、该吃、该玩的，都要尽量安排。道理很简单，什么是教育？教育更多的是体验和感染。知识教育、情感教育、生活教育、生命教育、人格教育，都兼收融合在这 24 个美妙的名词当中了。

阳历和阴历

24 节气是根据阴历周而复始的，因此，讲到 24 节气，就不能不提阴历和阳历。

　　这是两种不同的历法，也就是计算年月日的两种不同方法。

　　阳历是国际上通用的，即公元纪年，也叫公历。阴历基本为中国特有。根据太阳位置，阴历把一年分成24个节气，反映寒冷暑热变化，以便指导农业活动，所以又叫农历。又因为起源于夏朝，阴历也称夏历。

　　时至今日，阴历和24节气，对我们生活的指导意义主要是气候和农耕。

　　惊蛰春雷响，农夫闲转忙。春分秋分，昼夜平分。清明前后，种瓜种豆。热在三伏，冷在三九。白露秋分夜，一夜冷一夜。冬至馄饨夏至面。三九四九，在家死守；五九六九，沿河看柳……这些农谚熟语，千百年来一直回响、陪伴在我们身边。

　　除24节气以外，春节、元宵节、端午节、中秋节等我国的一些传统节日也都是依据农历制定的。2018年，我国将每年的农历秋分日定为"中国农民丰收节"。一个个节日，都是一份份幸福的念想。

　　我国自古使用阴历。1912年，民国肇始，中国才和西方并轨，开始使用阳历纪年。有趣的是，现在的医院里，给新生儿填写出生日期，规定使用公历，派出所据此办理户口本和居民身份证。但仍然有许多人喜欢用阴历的出生日期作为自己的生日。从整体上看，乡村和年长者更喜欢数着阴历过日子。

　　日子走了，岁月去了，然而，一心一念，一生一会，亲近每一个节气、每一个节日、每一个日子，人生就会出现一派风调雨顺的面貌。

（2022年1月22日）

语文名词中的前尘影事

岁月不居，时光如流。然文字依然鲜活闪亮，语文永远经世致用。本文在大语文词汇的海洋里采撷几朵浪花，敢呈一得之愚，以表献芹分享之心。

龙

作为华夏儿女，我们最喜欢异口同声说的一句话是——我们都是龙的传人。其实，中国人对龙的认识和尊重，有一个相当长的发展过程。

龙是古代传说中的一种神奇动物，也许谁也没有见过。龙是否真的存在，长什么模样，这些都不重要。重要的是，中国人一直把龙作为吉祥神灵和至高无上的象征。比如，中国古代，人类征服自然，最重要的事情是治水，所以先民就创造了住在水里能兴风降雨的水神龙王，也叫龙王爷。

旧时的结婚证书上印有龙凤花纹，因此叫龙凤帖。比喻极为难得的珍贵美味叫龙肝凤胆。龙凤胎，龙飞凤舞，望子成龙，车水马龙，龙腾虎跃，龙马精神，龙凤呈祥，龙井……凡是和龙字沾边的，一般都是美好的词语。

到了唐代，对龙的重视和抬举，上升到了至高无上的国家和皇权层面。皇帝坐的椅子叫龙椅，皇帝穿的礼服叫龙袍，皇帝睡的床叫龙床……普天之下，谁胆敢仿效，那一定是死罪无赦。

然而，龙真正成为中华民族的图腾，中国人真正认同自己是龙的传人，那是民国时的创造。感谢龙图腾这一概念的主要创造者闻一多。不过，他也主张把狮子作为中华民族的象征性动物，他说中国就像一头怒吼的狮子。到了1978年，歌手侯德健创作了歌曲《龙的传人》，1988年侯德健又在春晚唱响这首歌。龙图腾和我们是龙的传人，才真正被大家普遍接受。

全国有好多地方宣传自己是龙的故乡，其中影响最大的是河南濮阳。

社　会

这是一个像隔壁家小姐姐一样，熟悉得不能再熟悉的名词。不过，这个词还真有来头。

先说社。在古代，社指土地神。中国的神话传说中，土地神修炼成仙后，没有上天享清福，而是继续留在人间，为百姓呼风唤雨谋幸福。他是唯一留在地上的神仙，深受百姓爱戴，旧时农村，到处都有供奉祭拜他的土地庙。

当然，社也指和土地神有关的活动与地方，如春社，秋社，社日，社戏，社稷。

明白了社的原始含义，理解社会一词就容易了——社会，本义就是祭祀土地神的聚会。旧时代，这种聚会一般都非常热闹，是三教九流都参加的特别隆重盛大的集会。

值得一提的是，在这种"社会"场合演的戏就叫社戏。初中语文课本里一直有鲁迅的《社戏》一文。遗憾的是，部编版语文教科书中解释说："社戏是中国农村举行迎神赛会或岁时节庆时所演的戏，在江南尤为盛行"；"社戏就是社中每年所演的年规戏"。只字不提土地神，对社戏作如此解读，值得商榷。

社，土地神，农耕社会最大的保护神。不仅民间敬若神明，官方也极为敬仰膜拜他。今天北京名胜地坛和社稷坛，就是专供皇帝祭祀土地神的地方。其建筑规模和水平，堪称中国之最。

现代汉语中，"社会"一词已经完全没有了神话色彩，它指人类构成的活动整体，或指相互关联的人群。作为最普通常见的一个名词，它时时处处活跃在我们的生活中。

一个人的年龄，有生理年龄、心理年龄、社会年龄之分。社会年龄即指一个人社会知识、社会经验、社交能力和社会适应的成熟程度。

生活即教育，社会即学校。无论是学生还是成人，也无论你贫富穷达，每个人都离不开社会。

江　湖

中国人向来特别重视感情。作为人情社会，几乎每一个人的精神都被一句熟话绑架了——人在江湖，身不由己。

江湖，一个特别广泛抽象的概念。中国人对江湖的感情十分复杂，"人在江湖，身不由己"，这句话就是一种高度概括。因此可以说，在中国人的传统生活中，江湖就是人情世故、红尘历练的代名词。

算卦看相、卖狗皮膏药、练杂技变戏法、街头练武卖艺、说书讲戏、练杂耍口技……江湖人士一般从事这些职业，迫于生计，艰难谋生。

历来的造反起义，中坚力量往往就是这等江湖人群。多看点儿民国时期鸳鸯蝴蝶派小说和金庸的武侠小说，我们对旧时代的江湖就能有更多的了解。

传统文化中，对江湖人士多带轻蔑贬损。这在活跃于百姓嘴上的歇后语中可见一斑。江湖佬卖假药——招摇撞骗；江湖人耍猴子——名堂多；江湖骗子要贫嘴——夸夸其谈；江湖佬耍戏法——说变就变。

在现代语言生活中，"江湖"这个名词一般不带褒贬色彩，泛指四面八方，在一定语言环境下和社会一词通用。如人们常说，闯荡江湖，流落江湖……而读范仲淹《岳阳楼记》，"居庙堂之高则忧其民，处江湖之远则忧其君"，每次都让我颇为感动。

（2022年1月20日）

语文名词中的时代烙印

现代汉语中的许多名词，承载了太多的社会信息和时代烙印。学习这些词语，生活气息和时代风云往往会扑面而来。

同　志

这是一个既古老又现代的名词。

说它古老，因为这个词在春秋时代就有了，当时和先生、长者、君等名词差不多用法。古籍里说，同德则同心，同心则同志。可见同志就是志趣相投的朋友。

说它现代，因为从晚清开始，同志的含义有了新的发展，它成了政党内部成员之间的专用称呼。孙中山就有《告海内外同志书》《致南洋同志书》等文章。

到20世纪50年代，同志几乎成了成年公民的一个通用称呼。无论男女，无论少长，称一声同志，很时尚，很革命。当然，那个时代，对阶级敌人，是万万不能用"同志"这个神圣称号的。

世易时移，生活变得五彩缤纷，称呼也得跟着变。现在逢人喊同志的少之又少，在日常生活中，怎么称呼才得体、讨巧呢？

一般说来，凡20岁以下的，喊小朋友、小同学、弟弟、小帅哥、小美女、姑娘……三四十岁的，叫姐、小姐姐、哥、小哥、美女、帅哥……五六十岁以上的，称一声阿姨、叔叔、大哥、大姐、大叔，总不会错的。注意，老祖宗有言，见物加钱，逢人减岁。意思是，问对方所买物品的价格，往高里说，而吃不准对方年龄时，你要往小里说。因此要慎用老、伯、嫂、爷、奶等敏感字眼。在公交车上，别人喊我高爷爷，我心里总不如听到高叔叔或高大哥来得高兴。

大哥大

这个名词有两个意思：一个指人，一个指物。

指人的"大哥大"一词，从20世纪90年代初在香港开始流行。香港人喜欢把老板称为亲切的大哥。想不到的是，这个有点儿不伦不类、带着浓浓港味的名词，迅速传到内地，并受到热捧，很快流传开来。

需要注意的是，由于大哥大一词先天就带着一点灰色，至今仍多见于民间江湖，正式社会场合少见使用。官方主流媒体在使用时也比较谨慎。

作为第一代移动通讯工具的"大哥大"，几乎和指人的名词同时出现在中国，而且也是先港澳后内地。

远程语音通话以及后来的短信、微信等功能，让小巧方便的手机成为20世纪人类最伟大的发明之一。但是，手机最初的模样"大哥大"却没有那么可爱，因为它大如图书，重量达两斤左右，携带、使用都比较麻烦。我用过，深有体会。当然，那时拥有一个"大哥大"，可是十分出风头的事情。

土 豪

这个词有点儿年龄了，但内涵变化很大。

旧时代，把农村里有钱有势、为富不仁的地主恶霸称土豪，它完全就是一个地道的贬义词。然而，今天却不是这个含义了。

大约在30年前，中国人开始把花钱铺张的暴发户称土豪。有点儿不敬，有点儿嘲讽，也有点儿戏谑。我手头正好有一份2015年5月12日的《扬子晚报》，有一个版面，整版报道一个新闻故事，醒目的通栏标题就是"6400人同游法国，中国土豪公司震惊欧洲"。主要内容有，在世界旅游之都巴黎包下140多家酒店，租下146部大巴用于短途接送，在法国南部城市尼斯占据整整一条街组成"广告人链"等。"土豪公司"一说，从"土豪"一词演变而来。

在今天的日常语言生活中，特别是在普通百姓口中，土豪一词包含的情感往往比较复杂。羡慕、妒忌、嘲讽，也许兼而有之吧。正因为它含义丰富，大家喜欢用它，新时代的"土豪"一词还走出国门，走进了英语世界的中文词汇之中。在学术上一向谨慎的《牛津汉英词典》《牛津英语词典》都先后将它作为名词收入。

语言从生活中来。名词记录生活常识，表现社会经验，凝聚时代风云。学语文，学生活，学社会，学做人，一个名词往往就是一堂大课。你说是吗？

（2022年2月28日）

妙趣横生

好文章有一个共同的味道，就是语言优美。字字珠玉，妙趣横生。优美的语言从书本中来，也从生活中来。生活有多丰富，语言就有多精彩、多优美。

因为精彩纷呈，所以语文特别好玩。

文白之雅

　　文言是中华国粹。尽管使用白话是语言发展史上一个划时代的进步，但文言永远不会消亡，在今天的语言交往特别是书面表达中，仍然处处活跃着文言的身影。

　　2021年11月25日，上海3位女生被确诊为新冠肺炎。因为她们刚从苏州旅游返沪，于是苏州彻夜不眠，举城防疫。又因为三人在苏州进行的是宋代古建筑主题文化之旅，《姑苏晚报》在27日推出整版报道的通栏标题便是"待无恙，君再来，访苏州，探江南"。继而，上海、南京、杭州、苏州，长三角四大晚报联手，一起开辟"待无恙，多往来，共话江南——长三角四大晚报联手邀你寻宋江南"系列报道专栏，借势公共事件，助力旅游推广。

　　我欣赏的是标题——待无恙，君再来，寻宋江南——创意策划中的诗意表达，文白相间，温婉美妙。人文主题、生活情趣和城市热情兼而有之，给人亲切、温暖和美好的想象空间。

　　文白之雅，是现代文风的一大可贵之处。这在文章或活动标题中体现较多。

　　2021年12月17日，张家港市教育局和锦丰镇一起举行了区域内学校体育联盟启动仪式。"劲沙洲，强少年""沙洲风劲，锦绣丰华"，活动的主题和标题，文白相生，意味隽永，使体育活动拥有了一份浓浓的诗情。

2021 年 12 月 9 日,《扬子晚报》刊发整版报道,介绍南京地铁播音员优优的事迹,标题是"只闻其声,不知其人——她用声音传递城市的温度"。巧用文言熟语,给人美好的想象空间。

《且慢》《假日自在》《鱼乐自知人亦晓》《蓦然回首》《最是那一低头的温柔》……都是近期苏州、南京两地报纸的文章,标题言简意丰、诗意扑面,一下子就能抓住读者的注意力。

现代白话文中,适当使用一些文言词句和文采飞扬的美好文字,往往能让读者心里激起情感的涟漪。这种美妙相遇,在书信里常见常新。

阅尽千帆,归来依旧是少年;徐娘半老,风韵犹存;我自飘零我自狂,犹如云鹤游四方;拣尽寒枝不肯栖,愿你,也愿我自己,能在这混浊的世界上找到一片净土……

特别是情书。山河日暮,时已寝安,虽不同枕,但求同梦;与君初相识,犹如故人归;入目无别人,四下皆是你;愿有岁月可回首,且以深情共白头……如此温暖、真挚的情话,怎能不让人怦然心动!

推荐阅读高中课文《与陈伯之书》和《与妻书》,都是大手笔,都是兼具文白之雅的经典之作。

在南北朝刀光剑影的混乱岁月,南朝梁武帝挥师北伐。对手北魏统帅陈伯之,是从南方叛逃去北方的。血战在即,梁武帝先安排文豪丘迟修书劝降。丘迟素以文采著名,便一气呵成,立马写就传世佳作《与陈伯之书》。陈伯之读到"暮春三月,江南草长,杂花生树,群莺乱飞",思乡之情油然而生,再也无心恋战,遂率八千将士归降。这是语言的力量,也是文白风雅这种文风的力量。要知道,在南北朝那个时代,丘迟的大作算不上真正的文言文,也是大俗大雅,文言白话交相辉映的书信体散文。

文言很美,但毕竟已成过往。留恋过去最好的方式便是巧用文言,文白相生。

2000 年秋,我经手筹建的张家港高级中学落成开学。激动喜悦和感慨憧憬之际,我倾情动笔,撰写了亦文亦白的《张家港高级中学落成碑记》,兹节选部分语句和大家分享——

校园布局严谨而有序，区域流线层次以分明。建筑矗立雄伟振奋，绿化小品和谐统一。楼榭亭台，既参差错落自成一体，复廊连檐接融会贯通；有曲径通幽之妙，生曾经沧海之情。千禧城流光溢彩，三友厅满壁生辉。北大楼回荡朗朗书声，奥运馆沸腾拼搏人生。剑桥路留下多少铭心往事，行知楼连接万千赤子之心。桐间露落，景似明镜照人；柳下风来，情生桃李芬芳。

笔力不逮，贻笑大方。但学校确实很美，风景这边独好，诚邀各位亲临参观指导。幸甚！

（2022 年 1 月 17 日）

当老外遇见汉语

汉语以世界上少有的会意文字为基础，体现出博大精深的特点。因此，外国人学汉语，往往被弄得七荤八素，啼笑皆非。

一外国人来华留学四年，主攻汉语。临毕业，参加中文考试。拿到试卷，一看题量超少，暗喜。再仔细一看，懵了！题目如下。

请写出下面每题中两句话的区别在哪里。

题一：冬天，能穿多少穿多少。夏天，能穿多少穿多少。

题二：单身的原因，原来是喜欢一个人，现在是喜欢一个人。

题三：女孩给男朋友打电话说，如果你到了，我还没有到，你就等着吧；如果我到了，你还没有到，你就等着吧！

题四：小李离开吵闹的会场到阳台透气的原因，一是他想静静，二是他想静静。

老外泪流满面，交白卷，回国了！

老外为什么一道题也答不出来？因为汉语虽然有语法制约，有使用规则，但更有它的机灵活泼。汉语是一种特别生活化的语言，同样一个字词，同样一句话，在不同的生活场景下意思不完全一样，甚至完全不一样。没有一定的中国社会生活经验，学不好汉语。

要根据语言环境理解文字的意思，恐怕不仅是外国人，我们同胞也要注意这一点。中国男子足球和中国乒乓球，一个谁也打不过，一个谁也打不过；一个谁也赢不了，一个谁也赢不了。不了解中国体育，你很难讲清这些同文异义句子的含义吧？

然而，有时候，不同的文字，表达的意思又可以完全相同。中国队大胜日本队，中国队大败日本队，表达的都是中国队赢了。好不热闹，很热闹，意思一样。好不容易，要表达的意思往往就是不容易。这种异文同义的语言现象，可能是汉语独特的风景了。

"你再说一遍"这句话，可能是因为没有听清楚，请求对方再说一遍；也可能是两人在吵架，用这句话威胁对方。我们一定要根据语言环境才能正确理解语义。一个热恋中的姑娘，对着自己的心上人说："你真坏，你讨厌。"我们都知道，这其实不是批评怒骂，而是心切语急，情深言变，是一种十分亲昵、打情骂俏的甜蜜语言。实际意思和字面意思几乎完全相反，外国人能搞得清吗？

汉字还有一个鲜明特点，就是长相往往十分相似，这让外国人一不小心就要读错和理解错。

一个欧洲人，在中国的大街上，把银行的"银"看成了"很"字，便连连惊呼，中国人太厉害了，满大街都是中国人民很行，中国工商很行，中国建设很行，中国农业很行……

汉语的成语、谚语、俗语、歇后语，近义词，以及老话和文言，更是外国人汉语学习中可怕的拦路虎。

无言以对，是不想说话吗？虎口拔牙，是要人从老虎嘴里拔出一颗牙齿吗？插翅难飞，插上翅膀不能飞吗？外国人可能只会这样理解和翻译了吧？"我表示一点点小意思""你这是什么意思？""哈哈，意思意思"。这三句话又都是什么意思？手法、手势、手段、手腕，如果让外国人分辨解释，谅他们绞尽脑汁也说不清楚。

不怪他们，实在是因为我们的母语太丰富多彩了。汉语和中国人一样，感情特别细腻、复杂。

一叶障目，三心二意，五湖四海，六亲不认，七窍生烟，十有八九，能精准翻译这些词语的老外，恐怕是凤毛麟角吧？

外国人学中文，还有一个最大的障碍，那就是文化历史。许多词语往往和中国的历史事件或文化掌故联系在一起，外国人如果不了解中国历史的某些故事，或不了解某部中国的文学作品，就很难准确理解有关汉语。

不信的话，你对一个没有多少中国文化底蕴的老外说，"今天这个饭局可是鸿门宴啊！"一般的中国人一听就明白，而那位外国朋友，哪怕你跟他讲解了老半天，他还是一知半解。汉语文字的背后，往往是丰厚的中国文化。你跟老外扯家常、聊工作，能用吃醋、借东风、逼上梁山、三顾茅庐、东山再起、纸上谈兵、君子动口不动手等词句吗？

（2022 年 2 月 25 日）

谐音更添生活情趣

2022 年 2 月 22 日，成了当代年轻人领结婚证最热门的日子。为什么大家如此青睐这个日子呢？原来，好多人认为，数字 2 谐音爱。2022 年 2 月 22 日，农历正月二十二，有这么多 2 组成，一定是黄道吉日，因此网友们戏称这是最有爱的一天，是良辰吉日，千年难遇。于是，2 月 22 日的结婚登记领证热度超过了 2 月 14 日的情人节。

谐音就是利用读音的相同或相近，表情达意，或制造调侃幽默的表达效果。这是汉语独特的一种语言艺术。

用谐音讨口彩图吉利，祈求幸福美好，这是中国人的语文素养和文化幽默。

小时候，年夜饭，父母必做笋干烧肉这道菜。大年初一的早餐，一定有一份青菜烧豆腐。吃了几十年，现在才知道，笋干，谐音升官；豆腐，讨口彩，头富，第一个致富。普通的菜蔬里，原来寄托着父母的拳拳心愿。

鱼，年年有余；鸡，大吉大利；肉圆，汤圆，团团圆圆；年糕，年年高升；生菜，生财；荠菜，团聚；韭菜，长长久久；火锅，红红火火……嘴里吃的是饭菜，心里念念不忘的是生活的幸福。

你知道我们今天睡的床，为什么都是全国大致统一尺寸——一米二、一米五、一米八吗？这也是谐音陪伴中国人千百年的好事。

原来，中国人向来祈求幸福美满，因为床往往和妻联系在一起，而妻谐音七，于是就把床的尺寸定为三尺七、四尺七、五尺七。古时的一尺，约等于今天的 0.33 米，所以延续下来，今天床的尺寸就为一米二、一米五、一米八了。神奇吧，美妙吗？真要感恩我们有智慧的老祖宗！

有谐音讨口彩，就有因为谐音讲忌讳。画梅花，不能枝干向下，为什么？谐音倒霉也。去看望病人，最好不送苹果，为什么？苹果谐音病故，不吉利。有朋友说，外出打牌，口袋或包包里不能放木梳，因为梳的谐音是输。这就有点儿过分搞笑了。

谐音让汉字的无限美妙得以充分展现。在这个世界上，可能只有中国的文字可以玩谐音，因为汉字一字多音，一音多字。外甥打灯笼——照旧（舅），电线杆子绑鸡毛——胆（掸）子多大。

生活中，美妙的谐音往往出现在名字里。《红楼梦》中许多名字就是谐音。甄士隐，意味着把真事隐去。丫环叫娇杏，什么意思？侥幸也！她嫁给了贾雨村之后，贾的原配死去，她被扶正了，由丫环变成了夫人，这不是很侥幸吗？最重要的一个谐音是贾府四姐妹的名字，单念不会觉得什么，但连起来读就有意思了。元春、迎春、探春、惜春，四个美丽的女子，她们的命运怎样呢——原应叹息！中国人玩"谐音梗"，最好的也许就是曹雪芹了。

不仅文人墨客熟悉谐音艺术，老百姓在名字里用谐音修辞也得心应手。周默，李拜天，肖嘻嘻，肖哈哈，夏周一，夏周二，陈乾，袁满，付豪，詹望未来，詹詹自喜……这些名字大俗大雅，令人过目不忘。

用谐音给店铺取名字，这几年似乎变成了时尚。走在苏州街头，这种接地气又生动的名字比比皆是。怪好七（小吃店），阳晨美景，乌所谓，身临棋境，百家棋谈，芝根芝底，栗栗皆辛苦，顽出成长，糖贵妃，一封情酥……

社会发展，生活快乐，语言便特别活跃。我以为，从整体上说，谐音是一种富于生活气息和人间烟火的语言艺术，雅俗共赏，为人们更添生活情趣。

再讲个谐音的笑话让大家乐一乐。明末清初，浙江兰溪有个聪明的秀才，姓毕，常与财主作对。一天，财主正在茶馆里说毕秀才的坏话，恰巧他路过听到，便走进茶馆。秀才对财主说："今天我碰到了一桩怪事。"财主连忙问是什么怪事。秀才说："我邻居家一只狗，专门偷吃家中的书画。主人忍无可忍，便把狗杀了。剖开狗的肚皮一看，你猜里面都是什么？——肚子的坏画（话）！"众茶客明白毕秀才是在嘲笑财主，都哈哈大笑起来。

（2022 年 1 月 26 日）

活在群众嘴上的惯用语

生活处处有语文，生活就是语文大课堂。养成留心观察生活的好习惯，这是终身受益的宝贵财富。"惯用语"就是活在群众嘴上的实用性很强的交际语言。

吃醋，一个使用频率很高的惯用语。在成年人的生活中，这个惯用语往往用在男女关系方面。

这个词可是有典故的。话说唐代贞观年间，有一位宰相叫房玄龄，他是一位非常出色的政治家。中国历史上十分著名的太平盛世"贞观之治"，就有房玄龄的突出贡献。但就是这样一位青史留名的房宰相，却是一位"妻管严"，他的怕老婆也和他的政绩功名一样流芳百世。房玄龄因为怕老婆，所以一直不敢纳妾，这让皇帝李世民为自己的宠臣愤愤不平。于是，有一天，李世民亲自来到房家。他可不是空手来的，他带来了几个美貌的姑娘，还带来了一坛"毒酒"。他对房夫人说，今天她要么收下美女，要么喝下毒酒。意思很明白，皇上威胁房夫人：今天你要是再不同意房宰相纳妾，我就赐你喝毒酒自尽。两条路你自己选择吧！皇帝可是金口，谁敢违命反抗啊！哪知道，这个房夫人还真是有个性，而且不怕死。听了李世民的话，房夫人立刻捧起酒坛，一仰脖子，咕噜咕噜把"毒酒"喝了个底朝天，把李世民和房玄龄都吓坏了！房夫人死了吗？没死，原来李世民送来的酒坛里装的不是什么毒酒，而是一坛陈年老醋。从此，

"吃醋"就传开了，成了流传于百姓口头的惯用语。

惯用语和成语比较接近，表达一个整体意义，也是语言单位中的一种特殊词组。因为约定俗成，大家习惯和喜欢使用，因此称这种词叫"惯用语"或者"熟语"。在日常生活中，这种词比比皆是。跳槽、东道主、钻空子、磨洋工、咬耳朵、挖墙脚、穿小鞋、半瓶醋、拖油瓶、定心丸、泼冷水、耳边风、开后门、开绿灯、唱高调、吹牛皮、乱弹琴、牛吃蟹、抬轿子、敲竹杠……

惯用语一般以三个字为主，也有四个字或四个字以上的，如，过河拆桥，七七八八，三下五除二。

我们在使用惯用语时，千万不能望文生义，不然会闹出笑话的。草脚，不是草的脚，也不是穿着草鞋的脚，而是指开车技术不好的人。碰瓷，不是说碰到瓷器，而是指有人故意碰撞车辆，从而敲诈主人。

我们在使用惯用语时，应该注意辨析它的意义，弄清它的感情色彩。如"磨洋工"和"泡蘑菇"意思很相近，一个偏重指工作时拖延时间，懒散拖沓；一个指故意纠缠而拖延时间。在"你快说去不去，别泡蘑菇了"这句话中就不能把"泡蘑菇"换成"磨洋工"。

惯用语带贬义的比较多，讽刺意味比较浓，使用时要分清对象。"放冷箭""顺杆爬"之类的词，只能用在反面事物或否定的事物上；当然，"打头阵""唱主角"就不一定有贬义的意思。此外，一些方言色彩过浓，不能被大多数人接受的最好少用或者不用。

惯用语的特点，一是大众化，被人们熟知；二是经常在口语中使用，用起来自然、简明、生动、有趣；三是比较短小；四是定型化，相当于一个词或者词组，不能随便换文字，其意义往往不能从字面上去推断。如"吃大锅饭""半瓶子醋""背黑锅""穿小鞋""磨洋工"等。

又如以下几个词语：

吃百家饭：经常串门子劳作谋生，如木工、泥工、裁缝等；指讨饭的叫花子。

吃错药：人的言行悖于情理甚至疯狂。

交桃花运：在爱情上交好运。

红眼病：眼红，比喻嫉妒他人得到好处的不良心态。

吃大户：原指旧社会遇到荒年，饥民团结在一起到地主富豪家去吃饭或夺取粮食；现在往往指让经济条件好的人，请客埋单。

（2022 年 1 月 29 日）

"老话"中的智慧和哲理

　　语文学习的外延等于生活的外延。生活处处有语文，生活是最大的语文课堂。在生活中学语文，学习鲜活生动的有用语文，你往往会有惊喜和满满的收获。"老话"——流传千百年的精炼生动的话——就是老百姓生活经验、人生智慧、处世哲学的结晶。

　　在语言形式上，"老话"往往充满生活和乡土气息，文字浅显、通俗易懂，句子短小整齐甚至押韵。

　　下面请欣赏一些精彩的范例。

　　手不扶碗穷一世，抖腿耸肩霉三代。吃饭时手要捧碗，敬畏劳动和粮食；与人相处时，抖腿耸肩、注意力不集中是对别人的不礼貌。

　　人前不说大话，人后不说闲话，遇事不说怨话。做人要谦虚谨慎，不能在背后说别人坏话；碰到困难挫折，埋怨是没有用的，不能怨天尤人，应该以积极的态度想办法克服困难，解决问题。

　　逢人减岁，遇物加钱。把对方的年龄往小里说，见别人购物后在其价格上要往贵里说。这都是尊重他人，让人高兴的小技巧。

　　房后栽棵松，家出万岁翁。松树要栽在屋后，这样家族兴旺，家人长命百岁。

凳不离三，门不离五，床不离七，桌不离九。 凳子的尺寸不离"3"；五，五福临门；七，谐音，夫妻和睦；九，谐音"酒"，桌不离九，生活好，待人热情，都是指这几种家具的尺寸上的讲究。

家有围塘在门前，代代富贵用不完。 屋前有水，吉利富贵，屋后有河会把财水流走。

一母可养七儿，七儿难养一母。 孝敬老人，难能可贵。

学好三年，学坏三天。 提醒我们交友一定要谨慎。

美不美乡中水，亲不亲故乡人。 故乡，永远是人最留恋的地方。

三代当官，才懂得穿衣吃饭。 言行举止、穿衣吃饭中表现出的文明教养，要有一个良好的成长和培养环境。

一人不进庙，二人不看井。 这都是提醒人行事要谨慎，当心被人误会或诬陷了。

好马好在腿，好人好在嘴。 论口才的重要。

老话是生活的教科书。家有万顷，不如薄技在身；家有千金，不如薄艺随身；家有黄金用斗量，不如自己本领强。这些老话告诉我们特长、技艺（术）在立身处世中的重要性。

老话，是老祖宗流传下来的富有智慧的语言宝库，往往用浅显易懂的话，讲出深刻的道理，让人恍然大悟，豁然开朗。请你做个练习。下列老话中，有一项的解释是错误的，哪一项呢？

A 人在做，天在看。（人做事时，老天在帮着。）

B 三岁打娘娘笑，三十岁打娘娘上吊。（孩童拍打妈妈，妈妈高兴；长大了儿女打妈妈，妈妈会气死的。）

C 人要长交，账要短结。（交朋友时间宜久，经济往来上要及时结算清。）

D 吃人参不如睡五更。（吃的好不如睡眠足。）

（2021 年 5 月 29 日）

老娘的老话

　　树老根多，人老话多。今年已经 96 岁的老娘话就很多，一天到晚唠叨个不停。她偶尔会随口说出一些金句。天长日久，老娘的这些金句（多是老话）让我喜不胜收。

　　"父母带儿女路样长，儿女带父母扁担长"，"扁担长"有时她也说成"筷头长"。"三岁打娘娘笑，三十岁打娘娘上吊"，伦理人情，表达得如此形象生动。"衣服破可以补，手足短难得连""做官的儿子，不如讨饭的妻子"，言简意赅，押韵上口。老娘常常唠叨：我不求吃好穿好，我只希望你们夫妻和睦，兄弟妯娌和和气气。你们和睦和气就是对我最好的孝敬。老娘的这个要求，其实是一种很高的标准或境界。特别是农村里，夫妻、兄弟妯娌吵得鸡飞狗跳的比比皆是，老娘对此特别反感。她说，对妻子、父母都不好，兄弟姐妹都搞不好关系，这种人好不到哪里，和这样的人交往一定要多长一只眼睛。

　　老祖宗留下来的老话，在老娘嘴里，文字浅显，通俗易懂，但道理深刻，往往让人一听就入耳入心，让人一笑之余豁然开朗。

　　"邻舍好，有金宝""贼偷火发找邻舍（居），买鱼买肉待亲眷"，在老娘看来，好邻居就是生活的财富，就是旺家的金矿。老娘一辈子最骄傲的，不是把我们兄弟四个拉扯长大成家立业，而是从未和人交恶。她无数次自豪地对我们说，她从六七岁记事开始，从来没有和哪家哪户哪个人吵过架闹过事。是的，老家里，乡邻们都特别尊敬我母亲，每有父子不和、婆媳生恶、邻里纠纷，都往往请她做个"老娘舅"。

老娘的名言是："做人勿要小气，小气鬼一世穷。"记得儿时在农村，家里偶尔做了馄饨汤团，老娘总要端一点给东邻西舍，所以我们家与邻里关系一直到现在都特别融洽。老娘说，小气的人生活好不到哪里去，而气量大也不会因此而穷苦。

"亲戚不共财，共财断往来"，这话对中国合伙人来说，应该是醒世警言。

"人要长交，账要短结""不识字有饭吃，不识人难吃饭"，人际交往的学问，被老娘说得如此透彻到位，真让我拍案叫绝。

老娘的老话，就是她的做人智慧和处世哲学。

前年春天，我带老娘迁到张家港市郊小镇居住，老娘马上说："三世修得街角头。"新居在小镇的街稍头，城乡结合部，被老娘这么一说，真是让我喜上眉梢。礼尚往来了，老娘会说："喜不送伞，寿不送烟，丧不后补。"结婚不能送伞，因为伞谐音散；祝寿不送烟，因为烟谐音咽气的咽；丧礼不能在事后补送。这样的生活小常识，不知道还真不行。"家鸡打后绕宅转，野鸡打了满天飞""鸡皮贴不上鸭肉"，都是说血缘关系的重要性。"吃人参不如睡五更""一天吃一头猪，不如上床打呼噜"，老娘总是唠叨，要我不熬夜早点睡。

老娘简直就是一本词典，时不时会冒出一句老话谚语。见到对孩子疏于管教的小夫妻，老娘会苦口婆心地劝上一句："树小扶直易，树大扶直难。"家庭教育、学校教育，多少道理都包含在这十个字里！老话不老，智慧不老。天天和老娘生活在一起，日日浸淫其中，如同植物吸收养分，我天天在做着老娘的学生。

（2021 年 6 月 29 日）

好话放在最后说

冬奥会在北京开幕，举世瞩目。这让我们想起了"更快、更高、更强"这句脍炙人口的格言。

更快、更高、更强。现实生活中，在有些场合也写成更高、更快、更强。哪种排序正确或更好？体育专家告诉我们，这句格言自从1913年得到国际奥委会批准，写进《奥林匹克宪章》，就一直是更快排在最前面。理由是，尽管三者都重要，但在一定意义上说，更快比其他两种更重要一些，因为无论多高多强，如果没有足够的速度，也难以立于不败之地。

现代汉语语法有一大特点：顺序不同，意义和效果不同。奥林匹克的这句格言是经典例句。

创作小说，不等于小说创作。一会儿再读，不等于再读一会儿。

"你今天晚上能来吗"和"你能今天晚上来吗"是不同的，前者强调你能不能来，后者强调的是来的时间——今天晚上。

屡战屡败，还是屡败屡战，同样的两个字换个位置，突出的重点就不一样。前者主要是批评，后者着重于肯定。这说明语言顺序反映一定的逻辑事理的制约，带有强烈的强制性，约定俗成，必须遵守服从。

部编版八年级语文课本下册中，有一则三百来字的现代汉语知识短文《语序要合理》，仅举了两个例句，并略作分析说明，可惜语焉不详。

事实上，语序问题在我们的日常生活中随处可见。

江西、湖南、四川人都喜欢吃辣，但程度略有不同。于是，全国人民都津津乐道：江西人不怕辣，湖南人怕不辣，四川人辣不怕。三个字前后顺序不同，说得就非常有意思。

他是不是明天去广州？明天去广州是不是他？他明天是不是去广州？这三句话的重点各是什么？

订好一个房间和订一个好房间有什么不同？

说不好，不好说，不说好，有何区别？其中，说不好，又有哪两种理解？

语序的强制性，还受语言习惯的制约，如东南西北、上下、内外、前后等，一般都不能改变次序。

语言顺序的讲究还受修辞效果的制约。实际运用中，人们往往把一般正常顺序变为特殊表达顺序。

"天安门多么雄伟庄严啊！"这是一般顺序。"多么雄伟庄严啊，天安门！"把谓语放在最前面，这是特殊次序，表达效果更好。

"他的性格，在我的眼里和心里是伟大的，虽然他的姓名并不为许多人所知道。"鲁迅在《藤野先生》这篇文章里运用了语言殊位技巧，突出了藤野的伟大性格。

从修辞角度看，语言的特殊顺序一般有两种情况：一是句子成分位置变化，二是分句位置发生变化。句式的调配往往能起到良好的修辞效果，请欣赏下列语句：

起来，饥寒交迫的奴隶！

水生笑了一下。女人看出他笑得不像平常，"怎么了，你？"

春天像小姑娘，花枝招展的，笑着走着。

她一手提着竹篮，内有一个破碗，空的。

没有月光的晚上，这阴森森的路上，有些怕人。

她真像在草原上刚刚开放的一朵红花，鲜艳，美丽，充满青春的生命力。

感兴趣的读者可以试着将上面各句还原为正常语序，并比较体会表达效果的不同。

现代心理学上的"峰终定律"告诉我们，好话或特别重要的话，要放在后面或者最后说。

小李尽管有某些方面不足，但才华出众，是个人才。小王尽管很有能力，是个人才，但某些方面的缺点也太明显了点。

领导班子讨论提拔科长人选，谁会胜出？

老师一般都很会说话。比如，你家小刚脑瓜子不错，就是不太认真，不够踏实。你家小明认真踏实，就是不太灵活。

你知道老师说话的中心和重点了吗？

（2022 年 2 月 5 日）

从诗歌开始爱上母语

下班，出门，和同事打一声招呼：与朋友有约，先走一步！一位同事脱口而出：晚上少吃啊，三月不减肥，四月徒伤悲！

来到饭店，店旁有一水果店，店名曰"诗意水果店"。我心有戚戚，中国人，哪怕是学历不高，都如此富有诗意。

"三月不减肥，四月徒伤悲"，简单、明了、生动，又朗朗上口，让人听而不忘。这就是诗的魅力。学语文可以从诗歌开始，这是中国文化的骄傲，也是中国教育的特色和传承。

真正重视诗歌是从儒家开始的。"《诗》三百，一言以蔽之，曰'思无邪'。"儒学告诉我们，诗的本质是情感。不仅如此，孔子认为，诗歌的教育功能是全方位的："小子何莫学夫《诗》？《诗》可以兴，可以观，可以群，可以怨。迩之事父，远之事君。多识于鸟兽草木之名。"说的是《诗》可激发意志情感，提高观察能力，学会与人相处，抒发怨愤情绪，生活中可以用来孝敬父母，事业上可以之效力君王，还可以帮助人认识更多的虫鱼鸟兽和花草树木。《诗》简直是百科全书，你想全面发展，和谐发展，离开了《诗》，会走多少冤枉路啊！

我一向认为，中华民族的文化基因便是《诗》和《楚辞》，发展到无与伦比高峰的便是唐诗宋词。一代代中国人，正是在诗歌的沐浴和哺育下，才如此聪明、能干、伟大。中华民族正是有了诗歌和诗教，才得以生生不息，卓尔不群。

诗教为什么如此重要？闻一多说得十分清楚："《诗》在六经乃至一切重要典籍中的特殊地位和作用，不仅在于它具有温柔敦厚的诗教内容，更在于它为古代教育提供了最有效、快捷的传播形式……直到唐后，随着印刷术的发展、推广，才打破了口语（韵语）教育独尊的局面。然而，即使到唐末后，在不识字的群众中实行教化，仍然主要借助诗教的传统即口头韵语的教育方式……"

值得注意的是，唐代诗歌鼎盛之后，诗歌不仅成了文学的主流，也成了教育特别是启蒙教育的主导内容。一般蒙馆中，都将"对对子"作为必修主课。"对对子"正是写格律诗的基本功。因此《声律启蒙》《神童诗》《千家诗》成了最受大众喜欢的启蒙教材。

古诗成了中国读书人的文化基因。我一直以为，一个人，如果他不知道孔子、老子、孟子、庄子是何许人也，也从来没有读过《诗》《楚辞》和唐诗、宋词，如果他对"富贵不能淫，贫贱不能移，威武不能屈"等都一无所知，那么，他就可怜得无法享受中华民族的精神生活，他就很难说自己是一个真正的中国人。

科技发展一年一个样，但人类和人生的进化很慢很慢，甚至几千年不变。唐诗宋词中的许多经典语句，今天依然让我们那么心动和感动，因为古人和今人的情感是相通的。古诗词是我们民族思想情感的源头之一。将来，无论你考什么大学，学什么专业，也不管你身在何处，哪怕到了南极、北极，只要你肚子里有一些唐诗宋词，你便是一个幸运和幸福的人。古诗词是一个中国人一生的精神护照。

讲诗教，必须提到或者表扬中国的母亲。以前的中国妇女受教育少，在家庭教育上，女性的担当本不及男性重要，但唯独在教幼儿读诗这点上，母亲、外婆、奶奶这些女性长辈的作用往往大于男性。因为中国诗短小，又易懂易记，这为女性和幼儿提供了欣赏的便利。

"小耗子，上灯台。偷油吃，下不来，叽呱叽呱叫奶奶。""槐，槐，槐，槐树槐。槐树底下搭戏台，人家的姑娘都来了，就是俺们家的姑娘还不来。"这些童谣对事物传神的描述，富有韵律，还有幽默情趣。这种韵文童谣只是诗的初级形态，但不知征服了多少孩子。千百年来，我们的课堂里，我们的生活中，到处飘荡着这种亲切传神的声音。

金庸曾经写文章介绍，他有一位英国教授朋友来中国，早晨散步，鸟语花香，一位正在修剪花枝的园丁向他打招呼："春眠不觉晓，处处闻啼鸟啊！"他乘船过三峡，又听一位水手吟道："轻舟已过万重山。"这位英国教授感慨不已，一个连贩夫走卒都知道古诗文的国度，文化根基自然了不起！

说来惭愧，我真正意义上的读诗是高中毕业以后，是从一本《革命烈士诗抄》开始的。以后我一直痴迷于诗，也想尝试写写诗词，但终究因为缺乏童子功而不能有此风雅。我做校长后，大力推动诗歌教育。尽管是高中，学校还是规定，高中三年，每个学生必须读背两百首古典诗词，并且用考试考核等手段激励全校师生。

现在想想，如果我是小学校长，从小学生开始，用诗教作为阅读启蒙，用诗教让孩子爱上母语，该有多好啊！

（2022 年 2 月 6 日定稿）

称呼，美丽的语言风景线

一个外国人，不远万里到中国学习汉语。他学习的第一个字是"我"。

中国老师对他说，当你处在不同地位身份时，"我"也有不同的变化：

如果你是一个没有身份的人，对普通人可以说：我，咱，俺，余，吾，本人，个人，洒家……

如果见到老师、长辈、上级，你应该说：愚，鄙人，小子，小可，在下，末学，小生，不才，不肖，学生，晚生，卑职……

如果你见到平级的同事，就可以说：兄弟，哥们儿，愚兄，为兄，小弟……

最后一点必须注意，一旦你老了，退休了，你只能说：老朽，老夫，老拙，愚老，老汉……

我还要提醒你，上面这些"我"，一般仅是适用于男性，更多的"我"，听我慢慢给你分解。

老外上完这节课，听了老师这一席话，顿觉冷水浇头，第二天便向老师告别：学生，不才，末学走了！

汉语精彩。这在我们的日常称呼中可见一斑。称呼是一道特别美丽的语言风景线。

汉语特别富有感情色彩，我们对一个人的情感往往借助称呼传递。

宝贝，小宝贝，宝宝，亲爱的，亲，乖乖，小乖乖，小心肝，小可爱……也许，这是中文里最亲昵的称呼了。

一般场合，一声兄弟、大哥，能一下子拉近彼此感情的距离。

最通用的是师傅。无论对方有没有技术，是不是专业的，你喊师傅，人家心里总是有点儿甜的。

喊先生、叫老师，应该更加得体、高雅。吃不准对方身份，又觉得人家还算文雅有素养，你称他老师，一定不会错。

小学生喊班主任，研究生喊导师，亲近的部属喊领导。

哦，还有一个"阿姨"。只要是中国女生，青年、壮年、老年，都有人喊你阿姨。有血缘关系的真阿姨不说，从职场到商场，从街头到餐厅，一声阿姨，总让人觉得甜甜的。

突然想到一位高中老同学前天对我说的话。他刚陪太太从上海一家大医院住院回来。他说，上海医院里的服务真好，护士小姑娘都是一口一个阿姨……医生有三宝：说话，药物，手术刀。如果中国医院所有的护士，都对上了点儿年纪的女病人喊一声"阿姨"，该有多好啊！

以上介绍的都是美好甜蜜的称呼，有褒就有贬，在我们日常交往中，骂人、贬人、损人、恶毒诅咒人的称呼也比比皆是。

称呼是特别活跃的交际语言。称呼里不仅有语言能力，还有文明教养、人情世故、社会烙印。文学家、语言学家、江苏江阴人刘半农，发明了"她"字，让女性有了专属的美妙的称呼。在中国人的语言生活中，这是一个划时代的贡献。

中国女性社会地位高，这在称呼里也有很好的体现。比如在不同场合，如何用不同的称呼介绍自己的老婆，就很有讲究。

朋友之间，说"这是我老婆"；同事之间，说"这是我爱人"；亲戚之间，说"这是我领导"；兄弟面前，说"这是我家那位"；老师面前，说"这是孩子妈妈"；正式场合，说"这是我太太"。如果用文言文书面表达呢？应该称内子、拙荆。

最后，我要跟你介绍一下，我叫高万祥。卸任校长，退休教师，现职百姓。称我高校长很别扭，称我高老有点儿不舒服，称我高老师有点儿不敢当。称我老高，称我高同学——我一听就很亲切！

（2021 年 11 月 22 日）

餐厅里的语文课

语文学习的外延等于生活的外延。生活处处有语文。我的生活化餐厅语文课，别开生面，活色生香。

首先说明，这里讲的餐厅，包括大酒店、小饭店、小吃店、西餐厅、咖啡厅、茶餐厅、自助餐厅、烤吧……但凡你能想到的吃饭的地方都行。

餐厅名字欣赏

全聚德。北京著名饭店，特色菜肴之一是北京烤鸭。店名含义丰富：全而无缺，聚而不散，仁德至上。在我心里，全聚德是中国餐饮天花板级的品牌名称。

上海锦江饭店。来头不大、名气不小的顶级餐饮名店。说来头不大，是因为它是流落上海滩的奇女子董竹君私人创办，1935 年从"锦江小餐"川菜馆做起。说它名气不小，是因为 20 世纪 50 年代，它是我们国家的国宾馆，在这里招待过许多国家的领导人，接待过卓别林等国际名人。1972 年 2 月，美国总统尼克松访华就住在锦江饭店，并在此签署了《中美联合公报》。董竹君安葬在苏州太湖东山的华侨公墓。对这位创办了锦江饭店并无偿捐献给国家的杰出女性，感兴趣的朋友可以去瞻仰一番。

苏州松鹤楼饭店。中华餐饮名店，苏州百年老字号酒店中名气最旺的一张名片。在中国传统文化中，松、鹤都是长寿吉祥的象征，这个名字特别讨人喜欢，特别能吸纳人气。当然，松鹤楼之所以能成为受人欢迎的百年老店，关键还是菜肴有特色。松鼠鳜鱼、红汤鳜鱼、清炒手剥虾仁、响油鳝糊、蟹粉豆腐、清炒蹄筋、油爆河虾等，都是正宗苏帮菜中的经典之作。1978 年到 1982 年，我在苏州大学读书，三天两头跑去观前街逛书店，几乎每次都要经过松鹤楼门前，但四年中从来没有敢踏进那既令人垂涎欲滴又让人望而生畏的大门。20 多年后，我移居苏州，便较多地在松鹤楼请吃或吃请了。坐在松鹤楼享用美味，觥筹交错之间，我的虚荣心得到了小小的满足。

餐厅名字如文章标题，题好文一半。

稻香村、采芝斋、五芳斋、黄天源、新聚丰、乾生源……走在苏州街头，餐饮美食的店名招牌，构成一道特别亮丽的城市风景线。看着这些诱人的名字，你不掏腰包也难。

北京的东来顺，不知道为什么取这个名字，反正这里的涮羊肉是我的最爱。海底捞，给人多么大的想象空间，生意不好才怪。好名字让它从四川简阳迅速走向了全国。杭州的楼外楼，上海的花园饭店、金陵饭店、小绍兴、功德林、杏花楼……苏州菜馆得月楼还被搬上银幕，家喻户晓的"小小得月楼"从此成为苏州美食的符号。

光阅读欣赏不够，还要自己动笔写。我对学生说，假设你自己开了一家餐厅，首先要取个有个性有特色的餐厅名字。

学生笔下，餐厅名字五彩缤纷：灯火小巷、自由女神、年年有风、情侣餐厅、山里人家、海边上、草上飞、哥俩好、姐妹花、天涯海角、好了再来、闯关东……有诗意，有情趣，有创意。这样的写作，学生写得来劲，我也跟着激动和傻乐。

菜肴名字欣赏

一蔬一饭，不仅是对味觉的满足，也是对情感的填充。美妙的菜肴（包括点心、酒水、饮料、小吃等）名字，能给人视觉的享受和情感的愉悦。

美食，首先美在名字。

碧螺虾仁，西瓜童鸡，蟹壳黄，八宝鸭，百鸟朝凤，佛跳墙，龙凤戏珠，狮子头，全家福，可口可乐，雪碧，梅花糕，海棠糕，女儿红，状元红，花开富贵，茅台酒，五粮液，杏花村，兰州拉面，来伊份……美不胜收，耳熟能详，家喻户晓。

如果把佛跳墙叫海鲜煲，五粮液叫杂粮酒，女儿红叫老黄酒，岂不是太让人扫兴了！

让学生写创意菜名，好名字也是满满一箩筐的。

土豆饼沾面包屑，在油锅里一滚，叫黄金万两；豆芽炒猪头肉，叫乱棍打死猪八戒；青辣椒炒红辣椒，叫绝代双骄；两个剥光的皮蛋，叫小二黑结婚；鸡鸭鹅翅膀，叫展翅高飞；卤猪舌，叫甜言蜜语；鹅脚掌，叫走遍天涯……糖老鸭，绿色心情，秋天的第一杯奶茶，榴莲忘返，鲤鱼跳龙门，燕子黄瓜粥，人间四月天，七月流火，雾里看花，一山不容二虎，桂子飘香……

好玩吧？喜欢吗？这样的餐厅语文课，味道怎么样？

（2022 年 1 月 8 日）

游戏饭局

  饭局，在现代汉语里，就是宴会、聚餐的意思。但是，区别于聚餐或宴会，饭局里多了些江湖的味道，一个"局"字，泄露天机。饭局是社会交际活动，目的性、功利性更强。大会走过场，小聚定乾坤。饭局的精髓就在一个"局"字上。因此可以说，饭局就是成年人爱玩的生活游戏。

  中国人一向爱吃、能吃、重视吃，因此，中国式饭局堪称中华国粹。古代帝王和政客往往利用饭局实现政治企图。发生在苏州的专诸刺吴王僚的故事，便是十分经典的案例。专诸利用饭局和自己是名厨的便利，刺杀现任吴王，让公子光转身成了吴王阖闾。他们合力上演了一场十分血腥也是非常成功的饭局大戏、夺权游戏。

  鸿门宴也是饭局游戏之绝唱。济南府贾家楼秦琼母亲祝寿的饭局上，促成秦琼、魏征、徐茂公等46义士结拜，进而正式开启反隋立唐的英雄壮举。一千多年以来，这个著名饭局上的美酒，不知醉倒了多少中华热血儿女。《水浒传》《红楼梦》等小说，离开了饭局就没有了精彩故事。鲁迅一生的主要饭局，新近还被人写成了专著并畅销一时。也许可以说，中国的历史是故事组成的，中国的历史也是由饭局游戏组成的。

  据说，关中农村办喜事，新娘子是一个人躲在房间里吃饭的。理由很简单，不让人看到吃相，保持美好形象。有点儿文化教养的人，一般在参加白事饭局时，都特别注意吃相，不能放开吃吃喝喝，更不会嘻嘻哈哈，在餐桌上搞出热闹气氛。这方面，孔老夫子便是后人学习的千古楷模。

小餐桌大学问。饭局游戏多有人生修为和玄机。

饭局是为人处世的考场。饭局让我爱也不是，恨也不是。恨在哪里？就是往往看不惯饭局上一些不忍目睹的吃相和言行举止。听说，有些公司面试新员工，有一个项目就是去食堂吃饭，在饭局上考核一个人。夹菜的动作，能不能自觉用公筷，吃饭时是否大声讲话，嘴里嚼东西时讲不讲话，看见好菜是不是连连出手，他面前桌面的清洁程度……一个人的基本性格和教养一目了然。真的，饭局上的任何一些细节，都会让一个人片刻打回原形。

一直敬佩出家人吃饭的样子。双手捧碗，姿态端正，时刻保持恭敬、敬畏之心，多么值得学习，可惜一直没有学好。有一点我倒是做得比较好，就是饭局进行中，我很注意尊重服务员。我们坐着，她们站着；我们吃着，她们看着；我们说着，她们听着；我们喊着，她们跑着。她们都是我们的活菩萨，应该恭敬善待才是。

饭局可以考核一个人的教养，也可以考验一个人的情商。

我特别佩服那些能在饭局上制造欢乐气氛的人。独乐乐，不如众乐乐，应该是饭局之潜规则。心存此念，我就有点儿鄙视饭局上窃窃私语开着小会的人，鄙视老是一个人自顾自玩着手机的人。和这种不识大体的人在一起，很煞风景，没劲。

我一向认为，某种程度上，语言能力的高低决定了一个人的世界的大小，也决定了一个人的人缘和生活幸福指数的高低。我喜欢和这种人在一起组成饭局，共享美好时光。

饭局上可以看出一个人的习惯、教养，可以观察一个人的情商、个性，还可以测试一个人的品德人格。

小餐桌大乾坤。我特别讨厌在饭局上玩权力游戏的人。如果说人生如戏，餐桌便是演戏卸妆以后的生活，可以比较清楚地看到一个人的真实面目。硬逼着下属喝酒，不喝不行，不喝也得喝。这是在测试下属的服从性和忠诚心。看着下属被逼喝酒的窘态，领导特别享受。他是在享受自己权力的威风。这种饭局，我能躲则躲，躲不过，就当是社会观察和生活体验，反正我是不会配合的。

　　饭局啊，饭局，你说，你为什么让我爱也不是，恨也不是呢？

（2021 年 12 月 26 日）

街头语文

每次坐苏州的某路公交车，听着播报的站名，总觉得十分别扭。"下一站，苏州 / 站南 / 广场到了"，"广济 / 桥西 / 到了"。女声普通话很标准、绵柔，但这样的语言音节让人感觉很不舒畅。

生活处处有语文。我在生活中，还碰到过更奇葩的语文错误。2018 年 6 月 30 日，我们一行人在山西太原搞"老高大语文"宣传推广活动。主办方特邀太原市电视台一位主持人来主持会议。想不到，这位专业主持人一开口就闹了个笑话——各位来宾，今天，我们在这里举行"老高大 / 语文"……两分钟的开场白里，她几次念了"老高大"，真让我哭笑不得！

好为人师是语文教师的职业病。我常去药店买治疗皮肤病的药膏"华佗膏"，几乎所有的营业员都把"华"字念成第二声。有时我出于语文教师的职业习惯，告诉她们这个"华"应该读去声。营业员往往朝我翻翻白眼，然后扔出一句话："我们一直这样念的！"哎，此时，我总感慨，不怪她们，是她们的小学语文老师没教好。生活中，一些姓氏和地名往往容易念错。这些姓氏你能读准吗？单，郗，亓，朴，尉迟，蒯，覃，负。这些常见的地名你会念吗？浙江的丽水，台州，鄞县；内蒙古的巴彦淖尔，巴音郭楞；安徽阜阳，六安，黟县，歙县；山东的东阿，莒县，茌平，梁山泊；江西的铅山县；广东的番禺；陕西的吴堡；山东的莘县和上海的莘庄……考考你，都能读对吗？

口才是人的第一能力，谈吐是人的第二外貌。语言表达反映一个人的文化水准，有时也体现文明程度。不仅仅是读音句逗要正确，还有一个语言的雅俗问题。在口头表达和书面写作中，大俗大雅，是我的一贯主张和践行。但是，大俗不是粗俗低俗，更不是野蛮粗暴。可惜，生活中，粗俗野蛮甚至带着杀气的语言现象比比皆是。

（2021 年 1 月 6 日）

爱自己的名字

真爱从爱自己开始。爱自己，首先要爱自己的名字。

李思杨——一看这个名字，我马上对学生说：是不是你爸爸姓李，妈妈姓杨？啊，还真让我说对了。小思杨啊，你要记住，永远记住，你是爸爸妈妈爱的结晶，是他们生命的延续。这个名字够你一生一世享用不尽啊！

申一扑，沙家伟，冯家宁，杨家圆，徐天成，张天爱，王一帆，缪可言，刘路，徐梓诚，林睿杰，宣言，王柏炜，李一凡，施添笑，陈乐杨，冒依可可，毛景梦莱，詹詹自喜，展望未来，袁晓可依……信手拈来，好孩子，好名字，每一个姓名都可以从若干角度作出一番解读。

新学期新班级第一课，我会让每一个孩子介绍自己的姓名，要求说说姓名的由来、含义。好多学生还真说不出个所以然来。

象形表意的美妙汉字，对生活、对人生的特别热爱和憧憬，造就了中国人别具一格的美妙姓名，也形成了姓名语言学这个最接地气的专门学问。

姓名语言学，大语文不可或缺的好教材，内容十分丰富，一片汪洋，气象万千。至少，我们要从以下三方面来学习了解。

冷僻奇特的小姓

在台湾地区，有一位98岁的老人，姓看，叫看来去。他的父亲叫看天下，儿子叫看世界。不仅姓氏奇特少见，这位老人本身也是一个传奇。98岁，耳聪目明，腿脚一如青壮。他还在台北闹市区开着一家南北货商铺，每天从早上五点开门，忙忙碌碌，直至晚上八九点打烊。大家问他长寿的秘诀，他说可能是忙碌加上快乐的心态，日子就这么一天天过来了。忙碌加好心情，让看大爷不知老之将至，真是奇姓奇名奇人奇事。

国乒奥运冠军陈梦的母亲叫逄敏。逄，你认识吗？我有个朋友姓但，是重庆江北中学校长。南京师范大学有个教授姓有。皖西砀山县有个大姓——西。还有姓中山、公输、公孙的，你听说过吗？

有些小姓，不仅冷僻，还难读。试试看，这几个姓氏，你会读吗——亓，邰，覃，蒯，负？

具有纪念意义的名字

中国女排新一代国手张常宁，是江苏的骄傲，也是我的家乡张家港市的骄傲。张常宁的父亲张友生，是土生土长的张家港人，后来成为江苏男排主力。张常宁的母亲是常州人，她则出生在南京。你看，姓名中的三个字，分别代表了父、母和自己的出生地，多有纪念意义。

名字，不请自来，是你一生一世的忠诚伴侣。名字，挥之不去的生命符号，也是一种生命密码。

元代大画家黄公望，江苏常熟人，原名陆坚，七岁被送给侨居常熟的温州老人黄乐做养子。据说当时黄乐已九十高龄，见继子乐而叹曰："黄公望子久矣！"于是，陆坚改名黄公望。他后来因创作名画《富春山居图》传世。今年春天，我曾专程邀友去常熟虞山，瞻仰黄公望墓地，表达我的深深敬意。

幽默风趣的名字

父亲姓郑，母亲姓钱，孩子便取名郑钱多，郑钱好，郑钱快。有点儿搞笑。我想这家人一定是做买卖的，给孩子起这样的名字，好不好呢?

有个姓蒋的中学英语教师，决心把儿女都培养成语言人才，便给他们取名蒋英语，蒋法语，蒋德语，蒋方言。哦，学外语，学中国语言，还中外兼顾啊！

巧用谐音取名，往往能收到一语双关的喜剧效果。有户人家，父亲姓周，母亲姓夏。父亲给两个宝宝取名周一，周二。母亲强势，把名字改为夏周一，夏周二。名字不错，朗朗上口，让人过目不忘。豁达的父亲只得委曲求全了。

陈乾，申澳，何武器，韩金量，袁满，付豪，周默，李拜天，肖嘻嘻，肖哈哈……都是谐音取名的经典佳例。

一个幽默风趣的名字，就是一道美丽的人生风景。

爱学习，爱生活，爱人生，从爱自己的名字开始。创造美好生活和美丽人生，从感恩自己的名字开始！

（2021 年 10 月 18 日）

如影随形好名字

人生天地，名字总归如影随形。

一般说来，名字都是父母给的。名字是父母赐予儿女终身享用不尽的一份财富。没有父母不爱儿女，没有父母不给儿女一个好的或自以为好的名字。

我就有一个非常好的名字——万祥，这是所有汉字中最美好的两个字眼。万，数词，极言其多；亦极言时间之久远、空间之广大。祥者，吉利也。祥和、祥瑞、吉祥、慈祥，所有能和"祥"字组合的词，都是一入眼便让人满心欢喜和温暖的。感谢父母的深情寄托。

好名字不仅图吉利，往往也很励志。以"中国的居里夫人""原子弹之母"著称于世的苏州女儿吴健雄，她的名字中，"健"是家族里的"健"字一辈，"雄"则是她父亲用"英雄豪杰"四个字分别给孩子取的名。吴健雄排行老二，故得此名。这个名字激励了她，也成就了她。她成了世界科技界的英雄儿女！苏州当代著名画家余克危，1941 年生于乱世。父亲为他起名"克危"，寄托了拯救民族危亡，盼望早日和平的家国情怀。康有为，周树人，郑成功，张居正，李自成，李时珍，李公朴，朱自清，陶行知，唐文治，宋文治，应启后，杨明义，杨志刚，施一公，孙立人，薛岳，朱治国，陈国安，陈安邦……光看名字，就让人有一种肃然起敬的感觉。

好名字有书卷气，让人觉得起名字的人或名字的主人好有学问。中国文学史上很有名的建安七子，有一个叫徐干，字伟长。当代科学家钱伟长出生后，四叔钱穆对孩子的父亲说，孩子的名字就叫"伟长"，以求见贤思齐之意吧！当代大作家迟子建，出生在黑龙江北极村，父亲是小学校长，爱文学，是曹植的铁杆粉丝。曹植，又名曹子建，老爸便为女儿起名迟子建。辛弃疾，徐悲鸿，刘海粟，张大千，齐白石，傅抱石，张恨水，叶圣陶，陆文夫……一个个拥有出典的名字，都成了载入史册的名流。一个个有书卷馨香的名字，泽被后人，流芳百世！

好名字让人过目不忘。近年时兴的四个字的姓名，就属于这一类。朋友袁老师的女儿叫袁晓可依。我有学生叫冒依可可、张嘉玉诚。苏大有个在读本科生叫展望未来。小王彬彬，六小龄童，李金戈戈，汪易麦莎等，别出心裁，很张扬个性。

起名字是一种感情的流露，起名字是一种学问，起名字也是一种语文能力比赛。没有最好，只有更好。走进名字的百花园，任何人都会陶醉，都会觉得美不胜收，流连忘返。不过我最爱的还是自己的名字——万祥——祝自己也祝愿大家万事吉祥！

（2020 年 10 月 18 日）

地名是回家的路

语文学习的外延等于生活的外延。旅行生活中的边走边读，第一课便是地名的阅读。

这里的地名，包括城市、街道、道路、山水景观等名字。地名，不仅是称呼，是符号，是精神寄托，更是回家的路。

许多地名和精彩的历史故事、历史人物有关。

在我的家乡张家港市鹿苑镇，有一个地方叫"马嘶桥"。我一直感觉这个怪怪的地名一定有出典。后来读到有关文章才知道，这里居然和大名鼎鼎的苏东坡有关。那时，江南水灾，颗粒无收。朝廷命杭州府赈粮救灾。于是杭州通判苏轼带上万石粮米，从杭州运来张家港。船从杨舍镇的蔡港进入。苏轼上岸骑马，只见蔡港上有一座独木桥，苏轼便猛抽一鞭，白马长嘶一声，纵身跃过小桥。最终粮食及时运来，拯救了百姓。后来，张家港百姓为感念苏轼，将木桥改为石桥，共两座，取名"东马嘶桥""西马嘶桥"，乡名也改为"马嘶乡"。知道了这个故事，我对苏轼更加亲切，对马嘶这个地方也平添更多向往。

顺便介绍"鹿苑"这个地名的由来。原来，春秋时代，这里是长江滩涂，是吴王养鹿打猎的湿地公园，所以取名"鹿苑"。公元 8 世纪，鉴真第六次东渡日本取经，就是从鹿苑的江边登船启程的。这告诉我们，唐代时这里还是江滨码头。今天，张家港人着力打造了纪念鉴真东渡的"东渡苑"，已成为亮丽的城市文化名片。

地名，回家的路。这家，不仅是一种物理空间，也是一种精神向往。

你知道吗，江南一带的诸多地名，都是纪念战国四公子之一的春申君黄歇的。苏州的黄埭镇、春申湖、春申湖路、春申君庙、黄渎庙、春申浦，上海的黄浦江、春申堂、申江、黄歇村、春申桥、春申塘，无锡的黄城、黄山、申港河、黄渎港、黄渎村，浙江吴兴的黄浦……2002 年，上海世博会申办成功，市政府举办庆祝晚会，唱的第一首歌便是《告慰春申君》。

地名，承载了历史对春申君的充分肯定，也表达了老百姓对他的永久怀念。地名成了一个人永不磨灭的丰碑，这个人该有多么了不起啊！

我每次去北京，一般都会抽时间到东城区的张自忠路走一走。不为别的，只为在心里凭吊一番千古英烈张自忠。

你去过广东潮州吗？潮州山水皆姓韩。为什么？因为唐代文豪韩愈在这里做过刺史，尽管任职只有几个月，但做了释奴、治水、兴学等几件大好事，老百姓十分拥护感谢他，以后便把当地的一座山改名"韩山"，把当地的大江改名"韩江"。韩愈身后，潮州人文荟萃，人灵地杰，涌现出李嘉诚、饶宗颐等大名人。冲着这些地名和名人，凡是喜欢唐宋八大家的读书人，一辈子也总该去一次潮州吧？

河北秦皇岛、唐山、曹妃甸等地名都和唐太宗有关。陕西榆林吴堡县这个名字，居然因为我们家乡苏州而得名。山东烟台的取名，是因为当年抗倭的狼烟烽火。

知道了和地名有关的历史故事、名人趣事，再到这些地方旅游，你一定会觉得更加亲切。

旅行，语文大课堂，边走边看，边走边读，身体和灵魂，总有一个在路上。

地名，和一个地方的政治经济发展水平有关，也和这个地方的历史积淀和文化品位有关。十几年前，我去广西蒙山县讲课。这是个经济相对落后的地方。晚上入住宾馆，我习惯性地先把宾馆的信纸信封收藏起来。谁知道，一看信封上的地址，我吃惊不已：蒙山县城大槐树南侧。也就是说，这个宾馆所在地，没有街道和道路的名字。这件事，一直在我心里挥之不去。不知道现在蒙山的经济好转了没有，县城的大街小巷是不是都有了名字？

走在苏州的大街小巷，一个个意味隽永的地名，就如一本本耐读的大书。品读沉思，一个个个性鲜明的历史人物，一幕幕精彩绝伦的岁月大戏，都会涌现在你的心头。

苏州历史上，有多少不朽的人物，又有多少脍炙人口的传说故事，地名，成了这种历史回忆的美好见证。

地名，往往镌刻着历史的年轮。有些古时地名，尽管已被新名字取代，人们还是觉得亲切难忘。

你知道江苏13个大市的旧名吗？南京——金陵，镇江——京口，苏州——姑苏，无锡——梁溪，常州——延陵，南通——通州，泰州——海陵，扬州——广陵，淮安——淮阴，徐州——彭城，连云港——海州，宿迁——宿豫，盐城——盐渎。如果你经常读点儿古诗文，如果你热爱中国传统文化，也许，你就会觉得这些旧名更加亲切美好。

安徽、甘肃，你知道这两个省名的由来吗？豫州、徽州、青州、密州、登州、益州、龙城、昭关、浔阳、巴山楚水……这些在古诗文中耳熟能详的古地名，你都知道分别是今天的什么地方吗？

旅行大语文，地名大课堂，世事洞明皆学问。读懂地名，还有一个自然地理中带规律性的方法，这就是，但凡带"阳"或"阴"字的，一般都和山水相关，即"山南水北为阳，山北水南为阴"。中国的河流大多是东西向的，故有此说。汶阳、沈阳、安阳、洛阳、泗阳、贵阳、南阳、濮阳、淮阳、汝阳、襄阳、信阳、正阳……江阴、汤阴、华阴……举不胜举。有趣的是，唯独山西人不信这一规则，地名中几乎没有带阴阳两字的。另外，古人起名，常常喜阳不喜阴，所以带阳字的地名要多于带阴字的。济南，在济水之南，没有叫济阴，而取名济南。黄河南岸的开封，没有叫河阴，从汉代开始一直用"开封"这个寓意吉祥的美名。

今天，为了发展旅游经济，许多地方喜欢在地名上做文章，改地名成了一种时尚。不过，这种改名该也不该，成功还是败笔，还有待时间的评判。下面各组地名，前为原名，后为改后的，请你鉴赏并发表看法。

中甸县——香格里拉市，南坪县——九寨沟市，思茅市——普洱市，灌县——都江堰市，大庸县——张家界市，伊克昭盟——鄂尔多斯市，崇安县——武夷山市，渡口市——攀枝花市。

你能分别说出它们都是哪个省的吗？

地名，承载着多少历史风云和时代沧桑，寄托了多少民族情感甚至儿女情长呀！

地名，回家的路。一个幸福的人生，一定拥有两个家庭和两种亲人：一个是血缘的家庭和血缘的亲人，一个是因为阅读和旅行带给你的心灵的家园和心灵的亲人。你说对吗？你拥有吗？

爱语文，爱生活，从旅行开始。爱旅行，从阅读地名开始。

走，旅行去，边走边听，边走边看，边走边读。也许，这才是一个读书人真正有意义的生活。

（2021年11月2日）

跨越时空的校园名字

香格里拉在哪里？希尔顿在哪里？

如果我说，它们都在张家港高级中学，你相信吗？

是的，一点儿不错，它们是张家港高级中学两栋食堂大楼的名字。

走进江苏省张家港高级中学，一个个美丽的名字扑面而来，会给你带来惊喜和激动。

报告厅叫"三友厅"，因为校训是以大师为友、以真理为友、以文明为友。

位于校门正对面的综合大楼叫"千禧城"，因为新学校是在2000年千禧年落成开学。

办公楼名"行知楼"，表明学校继承陶行知教育思想的办学追求。

体育馆，叫奥运馆。教学大楼，分别命名为南大楼、北大楼、清华楼、复旦楼、哈佛楼、剑桥楼。学生宿舍，分别叫春晖楼、帕夫雷什楼、苏大楼……

让好听好看的名字像鲜花一样开满校园，给人美好的联想和浸润，让师生的情感变得更加温暖、柔软，这是我校长生涯中做得比较得意的一件事情。

在张家港高级中学，每一条道路都有一个有诗意的名字。北京路、天津路、上海路、南京路、爱因斯坦路、泰戈尔路、莎士比亚路、李白路、杜甫路、钱学森路、李政道路、杨振宁路……学生说，漫步校园，徜徉在蓝天、丽日、花园、草坪之中，默读着一个个心动的名字，心中洋溢着作为主人的自豪感，也自然升腾起要刻苦学习、回报母校的激情。

一位老师说，这条路取名"普希金路"，是希望学生了解这位世界文豪留下的文学瑰宝，学习他对待生命的热情，学习他写作的使命感，从而时时在心头吟唱，"假如生活欺骗了你"……走过这里，不管有什么样的挫折和烦恼，我们都会相信，明天，又是新的开始！

张家港高级中学2000年建成开学。新学校布局设计严谨有序，建筑结构雄伟振奋明快。教学区大楼之间以长廊衔接，外部用园林景点勾连，内外融会贯通。雄伟的建筑，花园般的环境，因为有了美丽优雅的许多名字的点缀，便有了诗意，有了灵魂。

什么是教育？教育更多的是体验和感染。校园名字，正是这种朝夕相处、耳濡目染的教育感染。

母亲河、康桥、好望角、滴水台、名人广场……在张家港高级中学，每一处景点和小品都有一个别样的名字，每一块石头、每一块标牌，都有属于自己的语言。修身、养性、聆听、对话、浸染、陶冶、宁静、和谐、慎独、精进……一切都有了人文的气息，都有了生命的灵动。

我还组织学生给自己的宿舍起名字，并且作出解读。帕夫雷什楼305女生宿舍，取名"飞雨轩"。请看她们的解说词："雨是什么？是晏殊的'无可奈何花落去'，还是李清照的'花自飘零水自流'？雨是什么？是那短暂的如花如梦的季节，还是那烦恼的如梦如幻的思绪？都是，也都不是。让我们飞扬起年轻的心，走过青春的雨季吧！"

苏大楼201男生宿舍叫"米兰王朝"，他们说：我们宿舍的人都比较喜欢足球，喜欢意大利AC米兰队，取这个名字，是激励自己像米兰队一样，成绩出色，受到别人称赞，将来能创造出自己人生的米兰王朝。

跨越时空的美丽名字，走进了每一名师生的心里，久而久之，也许会融化为大家的精神血液。让校园的每一寸土地、每一块墙壁，都和每一个师生窃窃私语；让校园的每一条道路、每一条小河，都能吟唱自己的生命激情。在我的词典里，这就是人文教育。

　　什么是人文？人文就是人心。人的同情心、羞耻心、责任心、爱国心……我期盼，校园名字，能成为人文关怀、人文教育的一门大课程。

　　亲爱的读者，请你给自己校园的建筑、道路、景观都起个漂亮的名字，请你给居住小区的楼宇都起个诗意的名字，请你给自己的卧室或书房起个雅致的名字，如何？

（2021 年 11 月 18 日）

来伊份和糖太宗

小时候，年初一早餐桌上，一定有一道青菜烧豆腐。后来才知道，这是利用谐音讨口彩。豆腐，头富也，想从一年的第一天就开始发财。同样，年夜饭必定有鱼，讨个年年有余的好口彩。春节期间吃荠菜特别多，荠菜，就是聚财。而且荠菜的荠，还谐音团聚的聚。

语言和生活密切相关。封建时代的"文字狱"，许多是因谐音导致的。旧时代大户人家，大门两旁都喜欢放一对石狮子。这是因为，狮子的狮谐音老师的师，希望儿孙能读书做官，做到太师、少师这样的大官，光耀门庭。以前的年画中，老寿星身边往往有梅花鹿和蝙蝠，这也是用谐音图吉利——有福有禄。有谐音就有禁忌。比如，以前的老话"喜不送伞，寿不送烟"。伞，散也。烟，谐音咽气的咽，太不吉利了。

语文学习的外延等于生活的外延。局长姓付，副局长姓郑，处长姓阙，副处长姓聂，科长姓朱，副科长姓苟。这种情况下，你不能轻易用简称，否则一不小心喊错，就会造成场面尴尬，让你哭笑不得。学校里，校长姓韦，叫他韦（伪）校长他会很不舒服。副校长姓岳，喊他岳副（父）校长，容易造成误会。这个时候，称呼就不是语言问题，而是社会经验和生活智慧的综合运用了。因为中国人的心里都有"谐音"这两个字！

今天的日常生活中，迷信谐音讨口彩求吉利的事情依然很多。也许大家都知道，我们江南农村，嫁女儿时，嫁妆中必放红枣、花生、桂圆、莲子这四样东西，这是讨个早生贵子的好口彩。至今，无论城乡，我们只要参加婚宴，餐桌的果盘里，依然会见到这些吉祥美味。

作为一种语言现象，或者说一种技巧，谐音在商品和店招的起名上也被广泛运用。我比较喜欢"来伊份"的零食，一直觉得这个名字取得新鲜别致。有一次，和来伊份的一位高管交谈，我才终于明白了这个名字的来由。原来，这家公司老板是江苏启东人，老板夫妻名字的最后一个字分别是"雷"和"芬"，创业时便取了"雷芬公司"这个名字。后来做零食，便用公司名称的谐音将品牌定名为"来伊份"。名字叫得好，老板夫妇经营有方，经多年打造，来伊份现在成为全国零食行业的龙头企业。闻听一番介绍，我不禁对这样的创业精英肃然起敬。小零食做成了大产业，而且产品确实可口精美，止于至善。如此人物，也算旷世奇才了。

再看，阳晨美瑾，卡娜斯，玉苏周，身临棋境，百家棋谈，栗栗皆辛苦，栗所能及，衣衣不舍，一网情深，糖贵妃，飞毛腿，一封情书，糖太宗，汉糕祖……都是苏州街头赫然在目的。搞晕了吧，哭笑不得了吧？生动有趣，还是语言污染呢，我也难说！

武汉大学校园内有一座珞珈山。原来，这座山叫"落珈山"。古代犯人流放，走到这里时便可解开并放落肩上的枷锁——不是自由了，而是要就地正法了。这座山由此得名。1928年武汉大学建校后，闻一多教授觉得这个名字不好，便改名"珞珈"，一直沿用了下来。珞珈，美玉也。以美玉名山，当然就平添了几分风雅。这是闻一多巧用谐音的杰作。

（2021 年 9 月 3 日）

第三辑

经典悦读

文学是语言的艺术，文学是人学。文学是美和善的源头。

少男少女，要是没有心爱的作家和心爱的作品，没有通宵达旦地读过一二百本经典好书，完美的语文教育是不可能实现的。

用故事教语文

对于儿童来说，最好的教育资源和教育课程是什么？我的答案是：故事。

在儿童成长过程中，对他们的个性、人格影响最大的，正是故事。听故事是儿童最大的特权，在故事中长大的孩子最幸福。儿童的世界最终属于最会讲故事的人。

故事是对孩子的启蒙，也是给孩子最好的课程，回望东西方的教育历程，莫不如此。

先说西方。从西方文化基因般的《荷马史诗》，到《格林童话》《安徒生童话》等，对儿童影响最大的西方经典好书，本质上都是讲故事的书。其实，早在柏拉图时代，西方人就十分重视故事教育。柏拉图指出，早期教育阶段，一定要给儿童讲故事，而且故事内容要严格筛选，因为这些故事对于儿童来说都是非常重要的基础性知识。二战后的德国，从总统开始，全社会都高度重视孩子的阅读和故事教育。在几任总统的特别关注下，德国组织了许多妈妈故事团，经常到学校为孩子们讲故事。爱因斯坦也是这样做的。一天，一个妈妈带着儿子去见爱因斯坦，说："我希望我的儿子将来变得十分聪明，请问我该怎样做？"爱因斯坦不假思索地回答道："给他讲故事。"妈妈说："已经讲了，孩子已经很聪明。可是我希望他将来能成为像你一样伟大的人物，我该怎么办？"爱因斯坦稍加思考后说："继续给他讲故事，讲更多更好的故事！"

在中国，故事自古就是最好的文化教育资源。进入评话评书时代，中国人将故事艺术发展到极致。评话评书就是讲故事。明末清初的江苏扬州人柳敬亭，便是具备国家水平的故事大王。当代的评书艺术家刘兰芳、单田芳、袁阔成等，在我看来，也是杰出的教育家。因为他们讲的故事，都是大众艺术教科书和精神食粮。包括儿童教育在内，故事在民族文化的普及上功德无量。

金庸笔下的韦小宝是这方面的一个典型代表。他没上过一天学，品行不端，各种下三滥的伎俩信手拈来。但他也有可爱的一面，讲义气、讲信用。加上运气成全，偶然间居然混入宫中，和少年康熙结为朋友，以后功成名就，尽享荣华富贵。读韦小宝的故事，我们都有一个强烈的印象，那就是韦小宝的性格，或者说是他的美德，成就了他的人生。那么，没有上过一天学，也根本没有任何家庭教育，韦小宝的美德从何而来？我说，答案正是故事。因为他从小生活的场所，包括赌场、茶馆，甚至驿站、码头，都是说书人和戏班子十分集中的地方，韦小宝非常喜欢听书和看演出，长年累月，潜移默化，这些民间艺术中往往具有的正能量故事，教育感染和培养铸造了他。据报载，若干年前，扬州旅游部门，把韦小宝做成卡通形象，设计制作了卡包、烟缸和各种文具用品，大有让韦小宝做扬州旅游代言人的势头。

故事是最好的教育资源和教育课程。如果说韦小宝是小说中虚构的人物，缺乏现实生活中的典型意义，那么，莫言的成长经历就有足够的说服力了。

1998年秋天，莫言去台湾访问，参加了一个题为"童年阅读经验"的座谈会。发言者纷纷介绍童年如何读了大量的好书，而莫言却说：你们的童年用眼睛阅读，我童年时用耳朵阅读。原来，莫言村里的人虽然大多是文盲，但很多人出口成章，妙语连珠，满肚子都是神神鬼鬼的故事。莫言从小就特别爱看书、爱听故事。莫言的爷爷、爷爷的哥哥、奶奶、父亲都是很会讲故事的人。不仅爱听，莫言还非常爱讲故事。母亲、姐姐、婶婶、奶奶，都是他的忠实听众。在故事中成长的莫言，经常说：我小说中的情节，大多来源于我小时候听来的故事。这些从小积累的故事，我还能写 20 年。莫言在故事中成长为世界级文学大师，他把自己的故事一直讲到了诺贝尔文学奖的领奖台上。

一个人的文学文化启蒙，一定是从耳朵开始的。我坚定地相信，故事是文学和生活的双重教育。一个人的阅读兴趣和能力，一个人对文学的爱好，往往是在听故事中萌生和提高的。从听故事、讲故事开始，把孩子带入文学的世界，也就是把孩子带入了美妙的人生境界。

对于孩子来说，听故事、讲故事本身是一种十分愉快的享受。做老师的都有经验，不管教室里多么吵闹，老师只要说"我给你们讲一个故事好吗"，教室里马上就安静下来了，一双双小眼睛马上瞪得大大的，还闪耀着亮晶晶的渴望的神情。听了一个好的故事，老师即使什么要求都不提，孩子们也会自然而然地沉浸在美好的想象之中，他们的心灵世界便能得到无限的丰富和发展。

2013 年 5 月 30 日下午，苏州工业园区娄葑实验小学组织活动，我给一年级到三年级的家长做了儿童阅读三大课程专题讲座。重点之一便是讲故事教育。第二天上午，我收到了一位母亲发来的短信：

尊敬的高校长，您好！昨天听了您的演讲，让我有一种"听君一席话，胜读十年书"的感觉。我是一个正在为孩子的学习伤透脑筋的母亲，您犹如一盏明灯给我指明了方向。我以前都是让孩子一个人看书，讲故事只是女儿上小学以前的事。我没想到，读二年级的女儿，昨晚听了我讲的故事《红线的心愿》（汤素兰著，《红鞋子》中的一篇）后，竟放声大哭。情节震撼了孩子的心灵。我感慨万分，差点儿迷失的我衷心感谢您！向您致敬！

看完短信，我马上给娄葑实验小学的韩郁香校长打电话报告。韩校长说："好！高校长，昨天我们的活动，哪怕就影响了这一位母亲、一个家庭，也是值得的！"

故事，故事，还是故事。在多年的观察积累和教学实践中，我初步建立了一个从幼儿到小学六年级学生的故事课程系列。简单介绍如下。

三岁以前，以童谣和儿歌为主，以成人讲诵为主。注意，好故事应该不断重复。三岁到四岁，叠加故事。这里的故事指相似情节不断重复的那种故事。成人讲孩子听，然后让孩子复讲。四岁到六岁，读绘本和简单的童话故事。尽量不用电子产品，亲子共读很重要。可以根据文本进行二度创作。一年级，读绘本和童话故事，结合识字，把读写绘融为一体。二年级，读绘本和民间故事，可以让孩子复讲、扩充、续编。三年级，读中国神话故事，经典的神话故事应该让孩子烂熟于心。四年级，读西方神话故事，孩子有思想和信仰危机了，可以开展讨论辩论活动。五年级，读英雄故事，帮助孩子寻找人生偶像，培养三观。六年级，读历史故事，可以和人物传记结合在一起读，有利于孩子建立正确的人生观和价值观等。

当然，以上只是大致分类，便于各年龄阶段重点安排。需要强调的是，绘本和童话是重中之重，特别是童话阅读要贯彻始终。

故事能发展孩子的专注力，提高孩子的词汇量和语言能力，更能促进孩子情感和道德的发展。故事的真正意义在于对孩子心灵的滋养。故事中的角色，无论是人，还是动物、植物，抑或鬼怪神兽和山川物像，都富有生命，都是鲜活灵动的。孩子的世界里，原本一切都是拟人化的。在故事和语言之间，孩子能够得到和世俗生活不一样的气息，美好的情感会慢慢滋生。慢慢地，还有智慧、灵性、经验等，很多东西都会渐生渐长。

我很欣赏苏州工业园区年轻的小学语文教师周盼。当我说，一年级学生可不好教时，她脱口而出："用故事来教。"拍案叫好！在我看来，小学一二年级的语文教学，只要做两件事情：一是故事，二是识字。故事可以看、可以听、可以讲，识字在不知不觉中进行。三年级以上，耳朵和眼睛阅读并重，再加一件事，就是写。如此这般，孩子的语文想不好也难。现在的问题出在哪里？为什么有许多孩子从小就学不好语文？一切的一切都是应试惹的祸——烦琐的练习题目做得太多太多；而读书、讲故事太少太少。做题目，一二年级就做什么阅读理解，一定是"练武不练功"，还扼杀了孩子的学习兴趣，真是又蠢又笨的死方法和老方法，误人子弟啊！

再次强调，对于低年级小学生来说，读书和讲故事就是唯一的，也是最好的作业和练习；中高年级再加一项作文。把其他语文讲义和练习资料统统扔掉吧！是的，一定扔掉，坚决扔掉！

（2022 年 4 月 15 日）

活了一百万次的猫

活了一百万次的猫？是的，这是一本绘本的名字。

从前，有一只雄猫，他死了一百万次，又活了一百万次，因为他从来都不属于自己。

他曾经是国王的猫，跟随国王征战沙场，有一次被敌人的箭射死了。

他曾经是一位水手的猫，跟着水手周游列国，一次不小心掉进海里，淹死了。

他曾经是一个小女孩的猫，有一次，小女孩不小心，那长长的长长的围巾把雄猫活活缠死了。

他曾经是一个小偷的猫，有一次，在和小偷一起入室偷盗时，被主人打死了。

他曾经是一个孤老太的猫，跟随老太饿死在了街头。

他死了一百万次，又活了一百万次。他从来没有伤心，没有掉泪。他的心里总在想着，我反正不属于自己，我什么都经历过了，什么都无所谓了。

然而，有一天，雄猫获得了自由，他开始为自己而活了。这个时候，人们惊喜地发现，啊，这是一只多么英俊潇洒的虎斑雄猫啊！

在猫的世界里，人们纷纷向他投来羡慕的眼光。猫姑娘给他送来了鲜花，猫大姐为他买来了巧克力，许多美丽的猫小姐都向他求爱。他一概拒绝。他在心里说，别跟我玩这些，我什么都经历过了，什么都无所谓了！

然而，有一天，雄猫却爱上了一只白色的雌猫，一只倾国倾城的白猫。白猫也爱上了雄猫。他们相亲相爱了，走到了一起，生儿育女。

他们生下了一只又一只小猫。他们生下了一堆又一堆儿女。他们相亲相爱，相敬如宾。然而，岁月流逝，小猫都长大了，一个个渐渐地离开了他们。他们成了空巢老人。但是，他们依然甜蜜地相爱着。有时，雄猫望着搂在自己怀里的白猫，深情地对她说：这辈子，我能想到的最浪漫的事，就是看着你慢慢变老……

终于，有一天，人们发现，白猫躺在雄猫的怀里死去了，永远永远地离开了雄猫。终于，人们发现，雄猫掉下了眼泪。死了一百万次又活了一百万次、从来没有掉泪的雄猫，平生第一次哭了。他哭得很伤心。他哭得撕心裂肺。他从白天哭到晚上，又从晚上哭到白天。他哭了多少次，他哭了多少回？他哭了一百万次。

终于，有一天，人们听不到雄猫的哭声了。他死了。他搂着自己心爱的白猫，永远永远地闭上了眼睛。

他，再也没有活过来。

精彩吧，感动吧？如果配着图画阅读，会更加感人。绘本，也叫图画书，是专门为儿童设计创作的图书。它依靠一连串图画和少量文字——甚至没有文字，来讲述故事、传递信息。在图文并茂和讲述故事这两点上，图画书类似中国传统的小人书。但图画书开本更大，装帧设计更加精美。更重要的是，在传授生活经验和人生智慧方面，图画书的含金量更高。

作为童书和教育资源，图画书在欧美的普及已经有近一百年的历史。感谢台湾画家几米，他的杰作《向左走·向右走》于2002年在大陆出版发行，由此让绘本的概念，在我们身边迅速并广泛传播开来。

我们这代人儿时没能赶上读图画书，再也不能让孩子错过机会。2013年2月14日，我的大外孙女一岁生日，我跑到苏州儿童书店，一口气选购了1600元的图画书。随后，我又专门请人刻了一枚印章："宝宝是个爱读书的好孩子"。我想，这份礼物能陪伴孩子长大，甚至能成为她一辈子的精神食粮和成长伙伴。

从此，我也真正地走进了图画书的世界。美好的图画书，如同传奇的爱情，是能让人一见钟情，而且终生不渝的。当然，书目的选择很重要。根据多年的阅读经验，我倾情推荐以下图书。

《爱心树》《猜猜我有多爱你》《花婆婆》《活了一百万次的猫》《温情的狮子》《犟龟》《野兽出没的地方》《南瓜汤》《爷爷一定有办法》《世界为谁存在？》《逃家小兔》《团圆》《失落的一角》《石头汤》《我有友情要出租》《大卫，不可以》《鸭子骑车记》《山猫怎么办》《小猪唏哩呼噜》《不一样的卡梅拉》《我不知道我是谁》《三只小猪的真实故事》《田鼠阿佛》《母鸡萝丝去散步》《天生一对》《可爱的鼠小弟》……

经典不止这些。但以上都是经典，都是最好看、最有味道的好书。适合三岁以上的孩子，当然也适合大孩子和成年人。

读图画书，能有文学和美学的双重收获。文学启蒙和精神培育一举两得。也许，要将真善美告诉孩子，用图画和故事来叙述，效果要比单纯地、空洞地讲道理好上一万倍。

优秀的图画书，在我们的心里播下的一定是美好的人性的种子。理想的读书状态是亲子共读。亲子共读是最有品质、最温馨的亲子陪伴。两代人一起分享，共同成长，和孩子拥有更多的共同语言和精神密码，父母就不仅是孩子精神发育的引领者，也是直接的受益者。

图画书是最适合儿童阅读的图书，但千万不要以为只有孩子需要阅读图画书。其实，图画书可以从 0 岁读到 99 岁。一位外国学者倡导，人生有三个阶段特别需要读图画书：一是儿时被父母抱着读；二是做了父母抱着自己的孩子一起读；三是在积累了相当的人生经验之后，年老时再读。一辈子读图画书的人，他们的人生，一定是风景这边独好！

（2022 年 4 月 8 日）

童话是美和善的种子

孩子的心是一块沃土，种什么就长什么。种下跳蚤，决不会长出玫瑰；种下善良大爱，收获的一定是人性的芬芳和甜美的人生果实。

童话，就是这种美和善的种子。

先说说"童话"一词的由来。1909 年，商务印书馆编辑出版《童话》丛书，到 1920 年共出版约 160 种，中外兼收。编译——相当于主编——是江苏无锡人孙毓修，南菁书院（即今天南菁高级中学）校友。"童话"一词，正是这位中国童话开山祖师发明的，诞生于 1909 年。孙先生的编辑意图是，"选为童子之用"的东西各国的"特编小说"，"以启发智识，涵养德性"。孙先生为什么把这些书取名为童话？我的理解，童话就是给儿童看的话本。中国古代把小说叫话本，所以童话就是儿童小说。当然，有的童话也适合成年人阅读，比如《安徒生童话》。

童话是童年最好的精神食粮和心灵伙伴。童话里有知识、智慧，有生活经验，有道德伦理，有情感情商，有想象创造。一句话，童话里有我们想要的一切。在孩子的成长过程中，童话是绕不过的精神家园。也许，在一个理想的家庭里，在一所真正的学校里，应该只有两类孩子存在：一类是读过优秀童话的，一类是将要阅读优秀童话的。真的，无其他选择！

凭借几十年的阅读经验，依据近七八年来的教学实践，反复筛选，无数次推敲，我最终确定了一批最适合小学生阅读的童话，现推荐给大家。

　　这是送给孩子最美的礼物。从内容出发，我把它们分为三类，分别介绍如下。

表现诚实、善良主题的经典童话

　　《神笔马良》《大林和小林》《不可思议先生故事集》《好心眼儿巨人》《跑猪噜噜》《夏洛的网》《爱心企鹅》《公猫拿破仑》《海的女儿》《皇帝的新装》《狐狸的集市》《绿野仙踪》《红奶羊》《藏獒渡魂》《情豹布哈依》《不老泉》……排列顺序大致由浅入深，适合三年级到六年级的孩子阅读。后面两个系列，书目的先后同此排列。

　　这些都是最贴近孩子心灵的经典好书。比如《神笔马良》，是20世纪50年代中国最受欢迎的儿童文学作品，影响了几代人。作者洪汛涛的名字是可以和安徒生、格林兄弟等排列在一起的。他的墓地在上海青浦卫家角息园，称"书林笔雨"。墓前有神笔马良的铜像耸立。有机会你不妨带着孩子前往游览瞻仰。

　　故事性强，精彩好看，精神含金量高；语言精美，值得学习模仿；写作上艺术性强，能有效帮助孩子提高构思写作能力。这是我选择好书的三条标准，我称之为三美：内容美、语言美、写法美。

　　读这些作品，你一定会受到感动，甚至受到心灵的震撼。你一定会为主人公的同情心、善良心感动不已。是的，这就是文学的力量。在人的各种美德中，善良和爱心是最重要、最宝贵的美德，这是美好人性的基础。你感动，你流泪，那么，恭喜你，因为你的内心已经有了爱和善的渴望。

向往美好类经典

　　这类作品重点表现积极进取、追求美好生活、憧憬幸福未来这样的主题。

《汪汪先生》《阿贝的荒岛》《人鸦》《红线的心愿》《德国，一群老鼠的童话》《时代广场的蟋蟀》《遥远的野玫瑰村》《爱丽丝梦游仙境》《神秘岛》《怪博士与妙博士》《格列佛游记》《鲁滨逊漂流记》《西游记》……

童话有一种功能，它能让痴迷的读者特别向往美好的明天和幸福的未来。因为童话故事讲到最后，往往有一个共同的结尾：从此以后，他们过上了幸福的生活！

一个人总要长大，总要变老。但多读童话的人，眼睛不会长大，心不会变老。读优秀童话，可以让人永远保持一份纯真，这是现代社会最珍贵的东西。童年终将逝去，童心可以永远不老。英国女王伊丽莎白二世过 90 岁生日，邀请的嘉宾是几百个孩子。女王和孩子们一起在自己的花园里做游戏，一起尽情欢乐，玩得不亦乐乎。永葆童心，永远充满好奇，永远向往面朝大海、春暖花开的日子，这样的人生一定特别滋润，特别幸福。

还有十分重要的一点，童话中有大量以动物为主人公的作品，这些作品虽然讲的是动物故事，但表现和传递的一定是人类的美好情感和审美价值。所有动物童话中的人物，都既有动物性的一面，又有人性的一面，这是写作的一个难点，也是我们阅读时必须掌握的一个重点。

精神成长类童话

这类图书都是对孩子的精神发育和社会认知特别有帮助的作品。

《城南旧事》《宝葫芦的秘密》《青铜葵花》《草房子》《皮皮鲁传》《长袜子皮皮》《男生贾里》《爱的教育》《窗边的小豆豆》《汤姆·索亚历险记》《哈克贝利·费恩历险记》《秘密花园》《柳林风声》《假如给我三天光明》……

人类的文明和美德，靠什么传承？文学是一个重要和主要的渠道。要无限相信好书和阅读的力量，因为好书，特别是童话和小说，是孩子精神发育不可缺少的乳液。比如，《假如给我三天光明》《爱的教育》都是伟大的励志书。瑞典女作家林格伦的《长袜子皮皮》，主题是自由精神和游戏价值。读这样的作品，我们会知道，儿童是在探知自我、探寻世界的过程中不断成长的。只有给孩子提供自由的环境，他们才能更加健康地成长。这样的作品，在文学审美功能的基础上，其价值又超越了文学，体现在教育哲学的层面。

以上推荐的经典童话，其归类是相对的，因为一本好书，主题精神往往多元，往往你中有我、我中有你。我只是根据这本书最重要最闪亮的一点进行了归类整理。同时，特别需要补充说明的是，无论哪类作品，童话一般都有一个共同特点，就是写作上的想象、虚幻、魔幻手法。因此，读童话，可以提高一个人的想象力指数，提高想象、创造能力。今天的时代，从某种程度上来说，知识经济就是想象力经济，这个道理大家都懂，但文学阅读和想象能力、创造精神的关系，你懂吗？

我由衷地认为，对于孩子的精神成长来说，书籍的恩情仅次于父母。让孩子爱上童话，一辈子爱上文学，便是给孩子送上了另一种意义上的精神之父和精神之母。世界上，还有比这更为美好的事情吗？

没有真正的阅读就没有真正的教育。对于小学生而言，诗歌、散文、小说，都可以读，都应该读。但是，我坚定地相信，童话一定是第一位的。犹如主食和零食的关系，童话才是营养价值最好的精神主食。

请相信，用童话在儿时播下的善良种子，长大后总会破土而出，成为人性的鲜花和硕果。

再晚的开始都是美好的。从今天起，建设你的书香家庭。帮孩子买书吧——好书不能借着看，要自己买来读，因为不动笔墨不读书啊！陪孩子读书吧！上天会对你说：你知道吗，你最优美的姿态就是阅读！她还会对我们说：人类和生活中一切的丑陋，都和这个姿态的缺失有关！

（2022 年 4 月 8 日定稿）

语文，好大一棵树

作为语文教师，我一直在纠结一个问题：为什么有这么多的孩子和家长担心学不好语文？

首先，大家要明白语文是什么。

语文就是语言文字吗？是的，语文首先就是读书识字，但语文又远不止读书识字。

语文是一棵树，一棵人生的大树。

语文，以文学为主的母语学习，还包含知识、审美、情感、价值、文化、历史等。这些，都能为一个人遮风挡雨，制造快乐和清凉！

一个人在中小学毕业后，往往对语文老师特别怀念，因为语文影响人一辈子。比如我，对读中小学时的几位语文老师一直念念不忘，一直深深地感谢他们的再造之恩。

一个人，高中毕业后，无论你大学学什么专业，无论你以后从事什么工作，都会发现，在中小学所有的学科中，其他任何学科都可以被遗忘，可能对自己一点儿帮助没有，但语文一定是最有用，最有帮助的。因为一个人做任何工作，在任何时候，到任何地方，都需要和人说话交流，需要用文字表达。这种能力和水平，主要是由中小学时代的语文学习决定的。

光从能力培养角度看，语文教学或者说语文学习，终极目标就是培养表达能力——说话是口头表达，写作是书面表达。

何况，表达能力之外，语文和文学还给了你情感、情商，给了你道德伦理，给了你人文情怀，给了你家国情怀和社会责任。所以说，文学，是美和善的源头。

也许，不少人认为，大学中文系毕业的人，没有什么专业特长，其实错了！博雅、聪明、好奇、想象、浪漫、视野开阔、爱读书、有修养、善于表达，这些特质在工作、生活中，还不够吗？君不见，北大以文科见长，清华则以理工科著名，但近几十年现实证明，北大校友中的企业家，并不比清华校友少。当代北大文科校友中，有大出息的名人很多。新东方之父俞敏洪和王强是学英语的；创办了百度的李彦宏，读的是图书馆学情报学系；开发安徽宏村西递的大企业家黄怒波是中文系毕业生……

俞敏洪、李彦宏等毕竟是凤毛麟角。但语文好，或者学中文专业的人，还有一个共同的优势是——拥有浪漫情怀，能让生活过得更加有滋有味。语言文字和文学艺术，总会时时提醒我们，除了岸上的白杨树以外，还有湖水里那白杨树的倒影。除了面包以外，还有种植粮食和生产面包时的那一份诗意。

语文这么重要，怎样才能学好？有什么成功秘籍吗？

我以为，学语文最重要的规律和诀窍有两点。

一是慢热。急功近利，拔苗助长，指望一口吃一个胖子，学不好语文。学语文，如广东人煲汤，需要时间和耐心。语文素养和能力提升，有一个从量变到质变的过程。

二是简单。多读多写，对语文来说，就是最伟大的方法。有人问欧阳修："你的文章为什么写得那么好？"欧阳修回答道："无他术，唯读书而多为之，自工。"他的门生苏轼也说过类似的话。

多读，不是泛泛而读，不能捡到篮里就是菜。选择经典好书太重要了。这里，我以初中为例，推荐如下书目。

初一：《草房子》《城南旧事》《不老泉》《红奶羊》《藏獒渡魂》等。

初二:《青枝绿叶》《林家铺子》《人生》《水浒传》《汤姆叔叔的小屋》。

初三:《平凡的世界》《许三观卖血记》《简·爱》和莫泊桑短篇小说。

我敢说,认真读好了这些经典中的经典,孩子的语文肯定错不了。因此,语文教师最大的本领,是能够为学生选择好书。语文教师最重要的责任和能力,是能够指导学生精读、品读、鉴赏性阅读。如果学校语文教师缺位,那么,家长就不能缺席了,否则孩子语文的落后就在所难免。

更重要的是,没有真正的经典阅读,孩子的人生就缺少了能够遮风挡雨或制造清凉和快乐的一棵大树!

语文,好大一棵树!

（2022 年 4 月 2 日）

贴近孩子的心灵

"这个暑假，在'老高私塾'读到了震撼世界的名著经典……我像一棵小草，慢慢地，慢慢地，吸收着阳光雨露带给我的滋润，默默地积蓄着能量。"

祝多多同学诗意般地诉说，也许她的话能代表许多学子的心声。

选择经典作品做教材，选择贴近学生心灵的经典中的经典，这是"老高私塾"的一大特色。

《汤姆叔叔的小屋》是老经典。2003年，美国权威杂志《图书》评选出"改变美国的20本书"，该书是其中之一。这是一本塑造美国性格、让美国之所以成为美国、美国人之所以成为美国人的与众不同的书。我的教学设想和追求是，让学生读着读着，会情不自禁地流下同情的眼泪。这样的眼泪，应该在汤姆被拍卖、被毒打，或者幸福往生之时出现。

这样的孩子，孺子可教。教这样的孩子，人生大幸！

《独船》是新经典。当代中国文学，校园题材小说是一大软肋。

就是写校园生活的佳作，如《草房子》《男生贾里》，如郑渊洁儿童小说，也大多以小学生为主角。中学题材，特别是专门写初中生的成长，常新港和他的《独船》堪称首屈一指。难怪曹文轩老师称他是"真正作家"，是"成长小说的天王"。一年前我发现该书时，就如发现了新大陆一般惊喜。本期第一次将其列入教材，学生反响不错！

本期选了沈石溪动物小说的代表作《老鹿王哈克》。2016年12月22日夜，初读。一口气读完，我激动不已地在书上写下四个字：拍案叫绝！2017年7月13日再一次认真通读全书，决定选用。2017年8月1日备课精读，最后又写下了"惊心动魄、感人不已"八个字。悲剧把美的东西展示给读者，尽管主人公是动物，但其身上闪耀的却是人性的光辉。责任感、使命感，不屈服命运的理想精神，生命价值的自我实现，如此等等。我不会让学生死记硬背，但随着精读品读，这些东西一定会转化为学生的精神血液的。我为当代中国有如此"动物小说之王"叫绝！

《最好的顾客》，是法国当代著名小说家特罗亚的代表作。在当代法国，作者受欢迎程度仅次于巴尔扎克，可惜在中国影响不大。我在网上搜遍了，只买到陕西人民出版社1983年出版的《特罗亚短篇小说选》。原定价只有0.91元，但我寻找觅得此书不知花了多少心血。更重要的是，此书的社会意义无价。

还有《人质》《一美元的约定》《多余的一句话》《打蓝雨伞的姑娘》《爱心如同韭菜》等小小说都是经典中的精品、绝品。

长篇和短篇抑或袖珍小说结合，中国作品和外国作品兼顾，人物小说和动物小说搭配，历史题材、现实题材、校园题材丰富多样，而故事性强是入选作品的共同特点。我上课，我快乐，因为学生都高兴，都快乐。几乎没有一个孩子不喜欢故事，不喜欢阅读故事精彩的作品，哪怕基础差，作文都写不好的孩子，面对好书，读着读着就笑了。孩子脸上的笑容，应该是语文课堂最美丽的风景线。

"30个小时，仿佛只过了一会儿，我们的课就结束了。但我的心中，只有愉快、不舍与兴奋。"（张兆涵）"15天，最难忘的15天，快乐的15天，一群群鸟儿飞过头顶，带来了世间最好的美丽。"（钱奕舟）"老高私塾中那抑扬顿挫、此起彼伏的朗读声，没有了一贯的烦琐，让人精神振奋。"（董陈璐）"阅读好作品让人难以忘怀。小小的事情，写得生动形象，你会感觉你就是主人公……老高私塾，即将成为我人生中的一抹色彩。"（庾文佳）"这个暑假，我认识到、体

验到了一种全新的语文课堂。"（黄凌越）

读着这些文字，我似乎看到了孩子们的一张张笑脸。

我和孩子们一起生活在文字的世界里。课堂是我的私学。我的课堂我做主。经典素读，领会文字的无限美妙，欣赏构思和结构的艺术匠心，读懂人物形象并接受人性光辉的洗礼。苏童说："语文是离孩子心灵最近的学科。"是的，我选择教材和安排教学的重点，都是一个原则：贴近学生的心灵。

（2017 年 8 月 31 日写，2021 年 7 月修改）

文学是我们的星星和月亮

　　从 7 月 2 日开始，到 7 月 17 日结束，"老高私塾"第十九期小学班落下帷幕。17 日上午上完课，下午我便赶回苏州，回去陪家人，特别是两个小外孙女。在女儿家吃完晚饭后话别，才三岁的小宝，咿咿呀呀地说："外公，你明天不来看我，我会不高兴的哟！"哈——神来之笔！一家人抚掌大笑。我倒真有点儿舍不得离开了，真有点儿愧疚和失落了。夫人又趁机劝说我："退休了，看什么书，教什么书，回苏州天天和宝宝在一起玩玩多好！"

　　就像抽烟的有烟瘾，喝酒的有酒瘾，我有书瘾。离开了书，离开了文学，我会觉得十分难过。明天我就要返回张家港，我要和更多的小朋友一起玩文学。我急着赶回，因为最后一次作文——各位同学为自己作文集写的前言，我急着拜读。

　　潘宣汝啊，你真是天才。你把自己的作文集命名为"高'潘'作文峰"，高和潘是我们俩的姓，"潘"谐音"攀"。如此书名，和我小外孙女的话一样，也是神来之笔。

　　她的文字也很美妙。"记得一次课上，王翌铭同学'耍酷'，斜戴着一顶鸭舌帽。高老师见了，调侃道：'王翌铭同学，帽子戴得歪，老婆找得快。'全班哄堂大笑……如果下学期还有时间，我一定还要和高老师，哦，不，还要和同学们一起，'高''潘'作文峰！"

侯嘉宸同学用美丽的书法体写道："15 次课像风一样，吹过就没了。回想以前一次次的学习阅读，真的让我受益匪浅。对比一下，学校里的课真是小儿科，在这里读书，书精彩、有内涵。读出来的是活力、生机，是满脑子的想象力……"

余汶泽夸奖我："我慢慢发现，跟高老师读书其实是一种享受，不像在学校里上课那么闷……老高私塾带给了我一种不一样的时光，我期待着下一期的课。"

陈欣璐说："提示语、语气词、过渡句……明明是相同的学问，在高老师这里却很好吸收。亲和，真是门高深的学问。"

我每天上课时都领着孩子们诵读："爱文学，爱写作，爱生活"，其实，对我而言，还应加上一句：爱孩子！

是孩子们成全了我读书的快乐。我最重要的工作，是为他们选择好书，是为他们精心烹制一道道美味可口的文学大餐。

还记得我们一起读过的袖珍童话《星星月亮不见了》吗？

因为好奇和贪玩，有一天，星星和月亮结伴来到了地上，于是天上人间漆黑一片，弄得小熊和小兔找不到回家的路了……

我以为，对我们的成长、我们的生活和人生，文学便是那星星和月亮，没有了文学，我们都会成为小熊和小兔，都会找不到回家的路。

《时代广场的蟋蟀》《夏洛的网》《城南旧事》《渔夫和金鱼的故事》《红鞋子》《红线的心愿》《理不完的头发》《骗狐狸皮的孩子》《吃垃圾的小怪兽》，都是经典中的经典，都是特别贴近孩子心灵的精美文字。

学校的语文教学研究，都和数理化一样，聚焦点和兴奋点都在"怎么教"三个字上，普天之下，莫不如此！其实，语文教学研究的第一要点是"教什么"。欧美国家，母语教学一般都没有统一教材，都是语文教师自己选编的。我的课堂为什么能让孩子们高兴、开心，能让孩子们依恋？关键的一点便是，教材都是我亲自编辑的。如果要问我，选编教材需花多少时间？我一点不夸张地告诉大家：40 年。40 年来，我一直在阅读好书，也就是一直在为选编教材作准备。这从我读大学时算起，还不包括我读大学前文学阅读的铺垫和积累。

我是把大家领入水中或投到河里学游泳的。这水，这河，便是那精美的文字和经典的作品。一字不落地精读、品读，原汁原味地鉴赏性素读。抓住关键，叫停，点拨，点到为止。如此大量的"水"中训练和感悟，慢慢地，有感觉了，有领悟了，语感好了，语言能力随之提高了，读写的关系就是如此唇齿相依，如此树根和树叶般相生共荣。为什么学生喜欢老高私塾，为什么课堂上往往有会意的微笑，为什么孩子们的读写能力会突飞猛进，答案都在这里。

我急着从苏州赶回张家港，因为人生 60 余年，从教近 40 载，我也是近年才悟出了刚才说的道理；也是因为办了老高私塾，有了这些亲爱的小朋友，我才有机会和大家一起玩自己痴爱的母语和文学。

两个外孙女，大的六岁，小的三岁，我也一直在为她们备课。我要把生活中永远不落的星星和月亮带给她们，带给更多的"小熊"和"小兔"们！

（2017 年 7 月 18 日写于"老高私塾"，2021 年 7 月修改）

亲近莫言

1955 年 2 月 17 日凌晨，山东潍坊市高密县河涯乡平安庄，胶河拐弯处，一大片树林前的茅草屋里，一个男孩诞生了。

他叫管谟业，笔名莫言。

2012 年 10 月 11 日，莫言获得诺贝尔文学奖。

真应了一句老话，大河拐弯处，必有贵人住。如今，莫言从出生开始居住了 20 年的老屋，矮小破旧的几间平房，成了一大景观——莫言故居。新冠疫情前，故居前的小广场上，往往停放着从全国各地开来的旅游大巴车，许多村民在这里摆摊位卖当地土特产。古青州方言里，都流露出些许骄傲和期待。

我也别有一番高兴和骄傲，因为我是他的忠实粉丝，也是他的朋友。

在张家港高级中学做校长时，我和语文组老师一起，编印了校本教材《大语文阅读》，每学期出刊一到两期。2003 年的一期上，有一个栏目叫"让你永远难忘的《冰雪美人》"，全文推荐约一万六千字的莫言小说《冰雪美人》。我在"编后记"中写道：

要不要把当代著名作家莫言的这篇小说编入，编委讨论时略有争论。我坚持让它入选，而且我深信，本文精美到家的语言，会让大家目醉神迷，一般的教材课文都不能忘其项背。更为重要的是，本文闪耀着人性的光辉，她会照亮每一个读者的心田，会让每一个善良的读者，在主人公面前扼腕赞叹，流连忘返。夸张一点说，真正认真品读作品的人，也许会顿生曾经沧海之感，也许会有三月不知肉滋味之感。这样的作品确实不可多得，确实会让你永远难忘。

当时，通过朋友介绍，我把这期《大语文阅读》寄给了莫言。想不到，它成了我们两个人见面交流的"红娘"。

2007年4月10日，莫言终于应我邀请，来到苏州大学附属中学讲学。

想不到见面时，他第一句话便说："高老师，你搞的《大语文阅读》不错啊，你对我作品的评价太高了！"

啊，真想不到，大作家对小小一册语文读本，对我的评点，记忆竟然如此深切！

在面向全校师生的报告会上，他的开场白又给我意想不到的惊喜。

我到过很多大学讲课，但到中学很谨慎，仅两次。一次是到老家的高密一中，我大哥是学校副校长，他让我去，我不能不去。再一次就是今天到苏大附中了，因为是高校长邀请，因为他对《冰雪美人》的评价是最高的，我很感谢他！

感谢大师莫言！他的讲座高屋建瓴又亲切实在，有思想高度又清新自然，让我们如沐春风，永远难忘和他在一起的美好时光。

出于题材和部分内容的原因，莫言小说一般不怎么适合中小学生阅读，但《冰雪美人》是例外。他自己在报告会上介绍：

很多人批评我只能写审丑的小说，写很野很粗的小说，于是我写《冰雪美人》，尝试用规范的语言和规范的写法。

我特别欣赏他规范而不平庸的语言，我一直把《冰雪美人》作为我私塾的经典教材。

叔叔还在乡村里当赤脚医生时，就在炕头上用剃头刀子给人家做过阑尾炎手术。从医学院进修回来后，更是如虎添翼，胆大包天。世上有人不敢生的病，没有他不敢下的刀子。叔叔说过，当医生其实和当土匪一样，三分靠技术，七分靠胆量……

　　有点儿夸张，有点儿幽默调侃，但把人物个性写活了。

　　她微微一笑，收拢雨伞，跺了几下脚，闪身进了门。她将雨伞竖在门后，脱下身上的黑色羊绒大衣，对着门外抖了几下，然后，顺手把门关上了。

　　我抬起头，看到她将羊绒大衣和围巾紧紧地按在肚子上，好像生怕被人抢走似的。她的脸色惨白，额头上布满了汗珠。

　　我看到她的脸色更加难看了，额头上还在冒汗，原来一贯翘着的嘴角也往下耷拉了。

　　孟喜喜脸上的汗珠成串滚下，十分痛苦，但她的身体还保持着正直，只是那两只手在不停地动着，一会儿紧紧地攥着大衣和围巾，一会儿又松开。

　　我突然发现，仿佛就在适才的一瞬间里，她的脸变得像冰一样透明了。她的上眼皮也低垂下来，长长的睫毛几乎触到了眼下的皮肤上。

　　细节描写精彩绝伦。通过一个个细节，我们一点一点冰释了原先的偏见，一点一点地感受着主人公精神的纯洁高尚。她始终是那么优雅从容，那么善良克制，那么彬彬有礼。她的肉体生命和常人一样脆弱，但精神上是如此刚强。一种超凡脱俗的高雅，一种圣徒一般的尊严，熠熠生辉的形象永远动人心魄。

　　这就是经典的魅力。这就是莫言的伟大和亲切。

　　回想那年那日，讲座之外，合影、签名，留下了许多左手书法的珍贵墨宝。欢聚五年多之后，2012年10月11日晚，差不多第一时间，我知道莫言获得了诺贝尔奖。我特别激动，为他送上我诚挚的祝福，也为中国千百年来的文学、为小说这种文字中的圣物，献上我的无限敬意。

　　激动兴奋之余，回到家中，我找出所有他的作品，一共有12本书，才记起他给我的签名本有 3 本之多。很快，我在网上看到，莫言获奖之后，他的签名本拍卖价达二十几万元。当然，我以为，莫言的签名和他的作品，不是用金钱能够衡量的。我一直希望张家港高级中学，或者苏大附中，或者任何一所有文学氛围的中小学校，能在校园里为莫言塑立一座铜像，最好再搞个莫言作品馆。真能如此，也许我愿意无偿捐出这几本有莫言签名的宝书。

祝莫言老师生日快乐！也祝所有热爱莫言、热爱文学的朋友天天快乐！

（2022 年 2 月 17 日上午）

通透明亮的野玫瑰村

安房直子是日本当代著名儿童文学作家。她用短暂的一生，给世人留下了许多精美至极的短篇幻想小说。

《遥远的野玫瑰村》是她最负盛名的代表作之一。

小说用对话描写开头。

"我儿子，住在很远的地方哟。听说那个村子，有一条美丽的河流过，开满了野玫瑰，那真是一个令人心情舒畅的地方啊！"

听着老奶奶如此欢心地介绍，邻居便说："咦，老奶奶，您还没有去过那里吗？"

老奶奶爽快地回答："是呀，一次也没去过。儿子在当地娶了个好媳妇，都有三个孩子了。儿子倒是常常来信，让我去跟他们一起生活，可是我不愿意让孩子照顾。"

这个老奶奶在山谷小村里开着一间杂货店，她常常要和村里人说遥远的野玫瑰村儿子的事。但全村人都知道，这个老奶奶根本没有儿子，她一直都是一个人生活。尽管这样，谁也没有打断老奶奶的话，因为每当说起幻想中的儿子、孙子的时候，老奶奶的脸蛋就会变成玫瑰色，一双眼睛闪闪发光。

这样的话说了一遍又一遍。不知不觉中，老奶奶的眼睛里就仿佛真的看到孩子们的模样了。

有一天，一个小女孩突然来到了老奶奶的面前。老奶奶惊叫了起来。店门口，站着一个笑吟吟的女孩，和自己想象中的一模一样，眼睛圆溜溜的，梳着辫子。

接下来的故事，充满梦幻、神秘和甜蜜。

安房直子的童话中，老人形象多为女性角色。而如何表现老年人的童心和人性，又是文学中常见的主题。《遥远的野玫瑰村》中，主人公老奶奶的童真、童心和美好的人性，集中表现为对儿孙满堂天伦之乐的憧憬和向往。

老奶奶虽然年纪大了，但时时流露出孩子般的天真和活力。一说起自己的儿子，"老奶奶的脸蛋就变成了玫瑰色，一双眼睛闪闪发光。连声调也跟着年轻、清脆起来了"。她给幻想中的孙女做和服，选的也是"白底上飞舞着一只只大大小小的蝴蝶"这样的布料。

安房直子不忍心让如此慈祥可爱的老奶奶一直孤单下去，她为老奶奶创造出一个梦幻世界，邀请了神奇又不离不弃的陪伴者，让三只小狗獾化作人形，为奶奶送去快乐和幸福。

在奶奶身边，小狗獾化身的孙子和孙女，问她在做什么，她闭上一只眼睛，回答说："糯、米、团、子。"表情生动，说话一字一顿，带着神秘，也带着满满的幸福。

在安抚完三个孩子睡觉后，老奶奶"一咕噜"钻进了被窝，活脱脱一个老小孩的样子。和孩子在一起，她还喜欢吹泡泡呢。

细节透露真性情。她是一个有童心、有活力的老奶奶。

她憧憬亲情，渴望幸福。她曾含泪感叹，这么热闹快乐的晚上，还是在年轻时，爸爸妈妈活着，兄弟姐妹也都在一起的从前的日子有过，现在已经几十年没有了。她用温情脉脉的目光，回望过往的欢乐，心灵深处永记，并孜孜不倦地在追求着亲情和爱的滋味。

小说小说，就是从小处说说。我们不妨特别关注几次意外细节处老奶奶的反应和前后变化。第一次是真的有个小女孩来看老奶奶了。故事里写"哎呀""你是……"，老奶奶摘下眼镜，仔细地打量起女孩来。"老奶奶高兴得眼泪突然要流出来了"，然后非常自然地让女孩试穿自己为她做的和服。老奶奶完全接受了自己幻想成真的情景，情感变化是从惊讶到疑问，最后到高兴。

相同的情况又出现了一次。原本只想等小女孩来，想不到一块又来了两个小男孩。一开始，老奶奶惊得差点儿跌倒在地上，但很快就高兴地留三个人过夜。

第三次。孙女千枝能让红豆和糯米瞬间泡软，老奶奶见此魔法，始于怀疑和犹疑，终于相信和行动，"也升起炭炉，煮起小豆来了"。

第四次。早上起来，看见三个孩子被窝里的短毛，老奶奶先是吃了一惊，然后想到三只小狗獾结伴而归的样子，心里又暖烘烘的。

一遍又一遍，一次又一次，作者要告诉我们的是，老奶奶对待狗獾变人的怪事如此坦然，没有丝毫害怕，她身上那种天真善良的孩童秉性是多么的强大啊！

在安房直子笔下，一生独居的老奶奶，常常被孤单、寂寥侵扰着的老奶奶，没有消极，没有沉沦，没有怨天尤人，她用自己的方式，把孤单变成了生活的调味品。童心和美好的人性，使她一直相信未来，憧憬幸福。

遥远的野玫瑰村，梦幻吗？不，在人性的角度上，这里是如此通透明亮！

（2022 年 1 月 5 日）

海边的猫村

安房直子的幻想小说，多以动物为题材。在动物故事、动物形象的背后，我们往往能读懂人类的情感，领悟人性的真谛。

今天我请大家品读的作品《猫的婚礼》，表现的重点则是动物和人类的和谐平等。

这篇童话用第一人称讲故事。

那是一个晴朗的星期天的早上，我坐在走廊的椅子上读着报纸。小猫智衣子趴在我的膝盖上，睡得很香。智衣子本来就是一只美丽出众的白猫，加上我每天早上都用刷子仔仔细细地梳理，那一身毛看上去简直像是白色的天鹅绒。和智衣子比起来，别的猫可就是既粗野又肮脏了，特别是有一只每天不经许可就进出我家门口的，叫什么银野的猫了，它脏得已经看不出原来是什么颜色，而且浑身上下都是伤，眼神总是让人捉摸不定，一看就叫人讨厌。

可就是这只银野公猫，今天却像洗过澡，打理了一番，干干净净地来了。

我问银野："哟，今天怎么打扮得像新郎啊？"

我这么一问，银野马上把前爪并到一起，煞有介事地说："我要结婚了。"说着，递给我一封婚礼的邀请函。

哟，还真的要做新郎官了！

银野自信地对我说："请作为唯一的一个人类，为我即将开始的新生活祝福吧！"

我很好奇，它究竟是什么时候开始，说话变得这么神气了？它在我面前一向是战战兢兢的呀，现在倒像是一个有模有样的领导了，怪了！

银野的新娘子又是谁呢？谁会嫁给这个邋里邋遢的家伙呢？

接下来的故事扑朔迷离。人参加猫的婚礼，既十分虚幻，又异常真切。这就是童话的特别本领和可爱之处。

安房直子的童话中，动物、植物，一切有生命形态的东西，并不服从于人类，也并不是人类世界的一种附庸，它们与人类处在一个层面，各自占据一定的生存空间。但这两个世界又不是彼此分离，而是相互交融交织在一起的。

在主人公"我"的眼里，银野就是一只肮脏、粗野、低微的野猫，但它却在婚礼前以王者的口吻邀请"我"去参加婚礼。更令"我"想不到的是，它的新娘，竟然就是"我"那美丽高贵、血统纯正的智衣子！这一切都在"我"这个世俗人类的眼睛里发生，让"我"根本无法接受。因为在"我"看来，银野和智衣子之间，有着血统、教养及生活环境等方面的巨大差异，银野是不可能给智衣子带来幸福生活的。"我"在用人类世俗和势利的眼光来考量这一切，但"我"所有的忧虑，在银野和智衣子看来，似乎全是多余的。它们需要和憧憬的，只是在海边的猫村，过着自食其力的平淡生活。而且，因为命运的眷顾，它们最终也实现了这样的生活理想。

在人和动物的这种强烈对比中，作品揭示的是人类过于复杂的内心世界。现实生活中，许多人常常感到不快乐、不幸福，其实并不是生活中没有快乐和幸福，而是我们对快乐和幸福有着太多的要求、太多的条件和太多的规则。

相对人类而言，动物世界的感情却显得那么简单，那么纯粹。因此，在情感和人格上说，人不存在高高在上的优越感，人与自然万物都是平等的，都是有个性的独立体。

仔细阅读，你会发现，作品中往往用对比，侧面表现主人公"我"的负面形象。

　　婚礼尾声，恶劣的天气破坏了婚礼现场，电闪雷鸣中，智衣子和银野牵着手，朝大路那边跑去。在黑暗中一闪而过的智衣子的身影，就宛如一朵百合花。而同一时间，"我"却被淋成了一个落汤鸡，一到大门口，就瘫坐在了地上。

　　早上，"我"一醒来就唤智衣子，这声音在空无一人的屋里徒劳地回响着。孤孤单单的一个人，而被"我"质疑的那一对新人呢，寄来了明信片，说是已经在海边的猫村开始了平安的生活。信末，智衣子还劝"我"快些嫁个心爱的人。如此构思，如此笔法，令人深思和发人深省。

　　海边的猫村，这是《猫的婚礼》为动物和人类创造的共同的伊甸园。童话带给我们的，正是这种对自由幸福的追求和憧憬。

　　表现动物和人类的平等和谐，表现人类的同情和博爱，这是解读动物小说和童话的一把钥匙。

（2022 年 1 月 12 日）

千代化鸟和蝴蝶双双

——推荐《蓝色的线》

日本作家安房直子创作的基调是幻想。在她的笔下，这种幻想式想象总是特别温柔、美好。

可以说，《蓝色的线》几乎把这种温婉、美丽演绎到了极致。

千代是一个孤儿，十四岁那年在镇上的旅馆当了服务员。擦地，打水，洗衣裳，什么活都得干。千代不怕干活，因为她知道，孤儿出身的自己，命该如此。她最喜欢的活儿，是擦店里的玻璃门。对着玻璃门，哈一口气，上上下下地擦亮后，透过玻璃，可以看见远处影影绰绰的美丽大山。每天早上，千代总一边仔细地擦着玻璃，一边无意中想象着自己遥远的未来。她的梦想，是有一天能成为一个好男人的新娘子。这个人对于千代来说，也许就是一生中唯一的亲人了。

神奇的事发生了。每天清晨，千代总会擦店堂玻璃大门。早春的一天清晨，千代透过那水汽朦胧的玻璃门，看到远远的地方有一个不可思议的人影在晃动。那人像是骑着马，又像是一只轻盈飞翔的大鸟，渐渐地接近了。千代吃了一惊，用手擦了一下玻璃门。但是，变得透明的玻璃门对面，没有一个人，只有一条冰雪消融的小路通向车站……

后来，千代每天早上都会看到那个梦幻的身影。她的心，已经成了那不可思议的影子的俘虏了。

故事还在继续。后边的情节会让你目醉神迷，连声叫好。如此艺术效果，全得益于特别精彩、丰富的想象。

在我看来，无论是人类的想象思维，还是艺术的想象手法，都只有两类：一是大胆奇特，二是温婉美好。安房直子的想象，两者兼具，但后者更加独树一帜，并因此形成了她鲜明的创作风格。

让人化身为鸟，这样的想象足够大胆奇特。在艺术创作中，想象的真谛往往就是大胆新奇，有时甚至越奇越怪越好。同时，作为一种构思和写作方法，更值得我们注意的是，在大胆奇特的基础上，更高级、更有难度，也是更受人欢迎的，是想象的温柔、美好。

这正是安房直子幻想小说特别难能可贵的地方。

千代日思夜想心中的幻影恋人，又求而不得。于是，千代就希望自己能变成一只鸟，可以用连绵不断的声音歌唱心中的思念。终于，在蓝色的围脖快要织好，月亮将要沉下去的时候，千代如愿了。她变成了一只鸟，一只蓝嘴并十分透明的白鸟飞走了。那条还差一点没织完的蓝色围脖留在了她住的阁楼里。

二十年以后。青年摄影师周一住在了当年千代的阁楼里。他看到了这条有着天空一般蓝色的围巾，便拆下围巾上的蓝线，在手上自个儿玩起了翻花鼓的游戏。突然，一只小鸟出现在眼前，叼走了他手里翻出来的小雨伞。这是一只白得透明，只有嘴巴是蓝色的小鸟。一只只有周一才能看得到的小鸟。是的，你可能知道了，这只鸟就是千代。

周一再也没有心情扛着照相机拍照了，他在翻花鼓的世界里遇到了千代，他的心全部被鸟，也就是被他的千代占据了。终于，在蓝色的围脖线用得几乎没有的时候，在月亮升起来的时候，周一不知不觉地变成了一只雄鸟，飞往迷雾笼罩的森林，去和千代相会相守了……

千代和周一化身小鸟，这是想象的产物，我们尽管知道这是虚幻和不存在的东西，但我们还是会在内心深处由衷地为他们祝福。也许，每一个善良的读者都会如此。不服从生活的真实，却符合艺术的真实。而且，没有了这种艺术真实，人类的精神世界也许会变成一片沙漠。

艺术的魅力，文学的感染，往往离不开温柔、美丽的想象。梁山伯求娶祝英台，无奈父亲已把女儿许配他人，美满姻缘，终成泡影。梁山伯忧郁成疾，不久身亡。祝英台听到噩耗，发誓以身殉情，便在出嫁时绕道梁山伯墓前，翩然跃入墓穴。梁祝双双化蝶，永远在人间蹁跹飞舞。艺术的真实，魅力无限。

一个是变成了小鸟，一个是化身为蝴蝶，但艺术构思如出一辙。大胆奇特，无比夸张，更让人觉得巧妙、美好、温暖，充满人性光辉。

你能借助这种艺术技巧，写出更加漂亮的美文吗？

（2022 年 2 月 23 日）

畅游在文学长河里的鱼

也许是因为人类太过偏爱鱼了，作家笔下，鱼总是正面形象，充满正能量。安徒生《海的女儿》中的美人鱼，普希金《渔夫和金鱼的故事》里的小金鱼，堪称鱼题材文学作品中的不朽形象。

日本当代女作家安房直子也爱写鱼的故事，而且主人公都是讨人喜欢，甚至令人崇敬的美好形象。《雪枝的红鲷鱼》和《一条怀念大海的烤鱼》，便是安房直子鱼故事的代表性作品。

怎样写好鱼的题材和鱼的故事？也许，走进她的杰作，我们能有所领悟。

小店主的女儿雪枝行善心，放生了一条有着朝霞般红色的大鲷鱼。为了报恩，鲷鱼让雪枝在它身上取下三片鱼鳞，帮助她实现三个愿望，并传授了有关方法。

这是天上掉馅饼一样的好事呀！雪枝许下并实现的第一个愿望，是让自己的头发变得很美。第二个愿望是让自己的眼睛变得特别漂亮。女孩子嘛，都有爱美之心，这两个愿望合情合理，很顺利地得到了满足。

接下来的故事就不一样了。情节发生了变化——是的，变化是编故事的常规套路，没有变化，故事就不好看——

雪枝为了能顺利嫁入豪门，和心中的白马王子圆满成婚，竟然向红鲷鱼提出了第三个愿望。这是一个十分过分也是有悖常情常理的要求，让红鲷鱼成为自己婚宴上吉祥耀眼的一道佳肴！

太过分了！过分得太不像话了！过分得让人愤怒了！红鲷鱼答应了吗？当然没有。每一个情感正常的读者也都不会答应的。

雪枝啊，为什么不能见好就收、知足常乐？为什么要如此自私自利、得寸进尺，甚至企图用他人的生命换取自己的所谓幸福？雪枝遭到了大家的唾弃，活该！而美丽的红鲷鱼却永远畅游在文学的长河和每一个善良的读者心里。

怎样写好鱼的故事？把鱼刻画成一个善良的"好人"，塑造一个有理智有智慧的形象，这正是《雪枝的红鲷鱼》给我们的一个重要启示。

当然，主题思想和文章精神可以雷同，故事却不能千篇一律。故事要各有巧妙。《一条怀念大海的烤鱼》，让我们读到的正是另外一类故事，另外一种滋味。

一条被烤熟了的秋刀鱼，渴望回到快乐的大海。因此，它踏上了万般艰辛的回归之路。

唐僧西天取经，历经九九八十一难。烤鱼的回归，也接受了非同寻常的五个回合的考验。

第一个回合，烤鱼以赠送脸颊上最好吃的肉为条件，请求家猫帮助。

第二个回合，以身体一侧的肉为交换，请求地沟鼠的帮助。

第三个回合，以身体另一侧的肉为条件，请求野狗的帮助。

第四个回合，以奉送仅存的眼睛为代价，请飞鸟帮助。

这样写是不是有点儿单调？别急，变化来了。又是变化——

第五次，因为蚂蚁国王的出手援助，烤鱼终于实现愿望，回到了大海。

烤鱼获得幸福了吗？故事完了吗？没有，都没有。

烤鱼虽然回到了大海，但是因为它已经只剩下一副骨架了，再也不能像过去一样生活在幸福的大海。最后，烤鱼被海水冲上海岸，永远葬身于沙丘。

啊，不敢想象，让烤鱼如此结局，作者也太残忍了吧？是的，有变化，有意外，让你想不到，又合乎逻辑情理，写作的巧妙正在这里。

悲剧，把美好的东西撕开来展示给人看。读完故事，令人唏嘘不已。带着无限伤感，我们看到了一束思想的光辉，这就是，烤鱼死了，但它的精神永存。为了理想，为了信念，为了幸福，坚忍不拔，一往无前，甘愿付出一切，死而无怨，虽死犹生。打动我们心灵的，正是这种童话的悲剧之美。

怎样写好鱼题材的文章？制造矛盾和波澜，制造变化和意外，用饱满的悲剧形象表现主题，这是安房直子给我们的又一个启迪。

当然，两篇作品还有一个共同的艺术秘诀，这就是，借助超现实、超自然的力量，实现写作意图。红鲷鱼和烤鱼的故事场景，人物的生活和活动，一切都是天上人间，似真似幻，一切都是现实世界中不可能发生的事情，但借此描写个性特征，塑造人物形象，让我们目醉神迷，拍案叫绝。

这就是想象的艺术，这就是创造的力量。好的小说，总让你爱不释手，总让你读完以后还一直心心念念——比如，安房直子的鱼故事。

（2022 年 2 月 23 日晚）

第四辑

文采风流

作文是什么？作文就是生活，就是故事，就是想象。

写小说、童话和记叙性文章，离不开故事，而编故事有一定的技巧和方法。

好文章是构思出来的。构思是一种了不起的能力。自出机杼，才有文采风流。

风，你在说什么

风，你在说什么？

梦话！风怎么会说话！朋友，请且慢下结论。因为在孩子的心里，风真的会说话！

"你们的老师脾气好吗？我帮你把万恶的试卷吹走吧！爬到我身上来吧，我带你荡秋千。我带你去九天揽月好吗？能帮我给小鸟递一封情书去吗……"在孩子们的笔下，风不仅会说话，还说得如此真情、痴情，如此善解人意。风为什么会说话？因为在每一个孩子的心里，都长着一对会飞的翅膀，这对翅膀叫"想象"。

石头为什么不说话？勤于思考、善于想象的孩子会这样回答：石头还小，还不会说话；石头喜欢沉默，所以不说话；石头一直在思考；石头和石头之间可以说话，只是我们听不到。冰雪融化之后是什么？是水。对，但没有想象。是春天。想象生出了诗意！训练孩子用一句话回答问题。一句话一个答案。在 3 分钟或 5 分钟之内，写得越多越好！长着美丽翅膀的想象，从孩子的心里扑腾腾地飞出。心中有想象，下笔如有神。作文就是生活，作文就是故事，作文就是想象。作文就是创造！

什么是创造？创造往往是想象的产物。人类社会的发展，最大的原动力便是想象力。比尔·盖茨、马斯克的全部财富，都源于非凡的想象力。诺贝尔奖获奖者，无一例外，都是具有非凡想象力的天才。同理，写作是一种创造性活动，伟大的作家都有伟大的创造力。作文就是想象，想象是写作文最重要的基础能力。我的课堂上，想象能力训练一直是读写教学的重中之重。

2017 年 6 月 4 日，在由山西《新作文》杂志社主办，我们江苏苏派教育培训中心承办的想象作文大赛现场写作决赛中，我原创命制的题目，想不到和几天后的江苏高考作文题惊人的相似，都是"车和生活变迁"的话题。

以下是我出的题目。

步行时速不到 10 公里，马车时速不到 20 公里，汽车时速 100 多公里，高铁列车时速 350 公里，飞机时速达 1000 多公里。这几年，科学家和企业家联手，在研制海底真空隧道列车，在浙江舟山或山东烟台，世界首条海底真空隧道修建在即，时速 2000 公里的飞行巴士呼之欲出。人类向往飞起来。

除了交通工具，让人类飞起来还有其他办法和可能吗？人类飞起来以后，生活会是怎样的情景和状况，社会又会发生怎样的改变和进步？

请以"如何让自己飞起来"或"飞时代的生活"为题作文。不少于 1000 字。

2017 年江苏高考作文题如下。

根据以下材料，选取角度，自拟题目，写一篇不少于 800 字的文章；文体不限，诗歌除外。

生活中离不开车。车种类繁多，形态各异。车来车往，见证着时代的发展，承载了世间的真情；车来车往，折射出观念的变迁，蕴含着人生的哲理。

如此高度相似地押中高考作文题，我一时兴奋不已。事后想想，也许这是我作文教学思想和思路的一种必然结果。平时，我对孩子们说得最多的就是，想象要大胆、奇特、丰富，还要绵柔、美好、温暖。许多优秀佳作往往让我大饱眼福——

我有神奇的眼镜

我有一副特别神奇的眼镜，一戴上这种眼镜，就能知道别人心里想什么。上学路上，一个阿姨的脸上印着工工整整的印刷体字，我禁不住细读起来："女儿又被老师骂了。股票又跌了。那个同事明明带着化妆品，还非要借我的……"来到学校，迟到了。班主任正在说："今天下午的体育课学校要借我们班开公开课。""好！"同学们齐声喊着。——可我看见的分明不是这样的。有人心里在想："老师占了我们七节体育课了，什么时候才能还清啊！"有人心里在说："老师天天让我们上公开课，真无聊！"这真的是刚刚齐声喊"好"的同学吗？我不敢相信！这个世界什么时候变得如此虚伪！突然，眼镜上浮现出一行字："诚为本，信为先。"我陷入了沉思……

想象源于生活。这位五年级的同学留心观察和积累生活，她把阿姨的生活沧桑，社会的人情冷暖，借助想象很自然地写了出来。更美妙的是还有思想。学校教育的乱象，人心世道的虚伪，在不动声色中被有力地讽刺了一番。这样的写作，想象的翅膀飞得很高，但内容扎根大地，很有现实生活意义。

我的手能生冰

喜欢电影《冰雪奇缘》，主人公艾莎手一挥，就能生出雪花，生出冰。于是，我请求冰的公主，将冰雪魔法传递给了我。念一句"冰出现"，手心上立刻冒出几片雪花。夏天，念咒语"冰块冰块快出现"，冰块立马出现在我眼前。把它们放进刨冰机，冰沙就出来了。我在冰沙上面浇上牛奶、草莓汁、西瓜汁等，做成了水果冰沙……天更热了，我心里又念："雪，出现吧！"家里立刻有雪花出现，落在地上形成了雪地，我在上面滚来滚去……

随着科技的发展，这种虚幻奇特的现象，说不定哪天还真能实现呢！想象创造生活。人类社会的发展和美好生活的实现，本质上都是人类美好想象的产物！

想象神奇美妙，故事精彩，描写生动，作文当然出彩。这样的作文就是作品。这样的作者，就是小作家了。

（2020 年 10 月 16 日写于苏州兆丰斋，2021 年 1 月 4 日改定）

想象让文字飞扬

　　想象是人类特有的思想和情感的翅膀。文学总是离不开想象，小说童话往往因为有美好的想象，才成了我们特别钟情的好朋友。

　　从前，有一个男孩一生下来就特别奇怪。奇怪在哪儿呢？奇怪在他的哭声。

　　男孩生在夜里，生在大海中的船上。他生下来的第一声哭声，比夏天的雷声不知大了多少倍。而且，这巨大的雷一般的声音还有一种魔力。不信吗，你看，随着男孩的第一声哭声，海面上所有的大船小船，都被吸引了过来。更加令人吃惊和不可思议的是，他的哭声好像一个魔法师，一下子让半夜里出了太阳。只见金色的太阳突然蹦出了海面，慢慢升高升高，把大海照得一片通红。

　　第二天，男孩的哭声又有了变化，竟然会哭出各种动物的声音。

　　他哭出了海豚的声音。他这么一哭，就看见海边游来一大群海豚，飞呀，跳呀，还"克拉，克拉——"吹起了好听的哨子。村里的小孩全都来到了海边，要和海豚比赛唱歌呢！

　　他哭出了青蛙的叫声。呱呱呱——呱呱呱——妈妈说，男孩是在说"我老妈顶呱呱"。妈妈抱着男孩在村子里到处晃悠，逢人就要孩子呱呱呱地赞美一下。

　　这是童话《不可思议先生故事集》里的故事。我给两个外孙女在睡前讲这样的故事，她们可是笑翻在床上的。

作品的魅力主要来自想象。在文学作品中，大胆奇特又美好温暖的想象，就像一根魔法棒，指到哪里，哪里就一片金光闪耀。在我的课堂里，《神笔马良》《大林和小林》《夏洛的网》《汪汪先生》《跑猪噜噜》《时代广场的蟋蟀》《爱心企鹅》《公猫拿破仑》《阿贝的荒岛》《怪博士与妙博士》《不老泉》……我把一本本有趣也耐人寻味的好书，带到孩子面前。他们兴致勃勃地读着读着，朦朦胧胧间，想象的翅膀会渐渐从文字里飞向他们的心间。

（2022年1月29日）

故事怎样才能好看

写小说童话，离不开故事。而编故事有一定的技巧和方法。

请欣赏这样一篇童话故事。

由棉花纺成的一团红线，生来就有一个心愿——被绣成漂亮的红花。于是这团普通的缝衣线，踏上征途，去寻找绣花针，去寻找她心中的那一份信念和美好。

她遇上了一根深爱红花团的缝衣针，遇上了一个有着相同精神追求的伙伴。在追求美好理想的道路上，他们历经磨难，主要遭遇有这样五个回合。

第一回合，红线被扔进垃圾桶，污染得看不出本来的红色。并且灰老鼠还要抢走她家一般的纸盒。这时，缝衣针变成针大侠，勇斗灰老鼠。英雄救美尽管失败，却给了红线信心。

第二回合，缝衣针陪红线站在雨地，红线经雨水冲洗重归光彩夺目，而针却因雨淋加求爱遭红线拒绝心情不好，变得锈迹斑斑。

第三回合，一只强盗蜘蛛欲行不轨，被缝衣针英勇击败，红线化险为夷。

第四回合，小鸟想把红线占为己有，并诱惑缝衣针放弃红线。针凭着赤胆忠诚感动了小鸟，两人又逃过一劫。

第五回合，石头挡道，红线无法前行。针想撬开石头却惨遭折断。

一路前行，一路寻求，红线不忘初心，百折不挠。

一路追寻，一路磨难，缝衣针不离不弃，生死相依。

苍天不负苦心人，红线的心愿终于在一个姑娘家得以实现，她被穿在绣花针上，绣成了一朵漂亮的红花。而缝衣针却因为又锈又断，慢慢沉入泥土。

这是当代著名作家汤素兰写的童话《红线的心愿》中的主要情节。故事紧张曲折，扣人心弦。在尖锐激烈、生死相隔的矛盾冲突中，两个主人公的形象被刻画得栩栩如生，令人感动。"向着明亮那方／哪怕烧焦了翅膀／也要飞向灯火闪烁的地方……哪怕只有分寸的宽敞／也要奔向阳光洒满的地方。"这种追求美好和幸福的精神、信念、意志和毅力，无疑会成为我们生命的教科书。

在写作艺术上，除拟人手法之外，制造矛盾冲突展开故事情节的构思方法，是本文最重要的特色。

小说怎样才好看、耐读？作文怎样才能打动老师赢得高分？用制造矛盾的办法编故事，会助你成功。导演李安说，要创造出伟大的爱情故事，必须设置巨大的障碍。写爱情小说的秘诀就是禁忌和障碍，有禁忌、障碍就有矛盾冲突。

再请欣赏袖珍小说《压力》。

大风在路上遇到一个搭顺风车的美女。忽然，美女晕倒在他的车上。大风不得不送美女去医院。落笔就是故事，开头就制造矛盾。

到了医院，医生说美女怀孕了，恭喜大风即将做爸爸。大风说孩子不是自己的。可美女说孩子是他的。这让大风十分焦虑。矛盾进一步发展。

他不得不要求做亲子鉴定，以证明自己的清白。结果出来，医生说他是不孕不育症患者，而且是天生的。这个结果证明了大风的清白，矛盾似乎得到解决。

谁知新的冲突又来了。大风听了这个鉴定结果更加忧虑重重。因为他想到了自己的妻子和三个孩子。大风感觉心力交瘁。正是一波未平一波又起。

回到家中，老婆开心地告诉大风自己又怀孕了。大风只觉得自己生不如死。你看，痛苦加深，矛盾加剧，情节推向高峰！

很快，大风坚决和老婆离婚了。善良的他净身出户。好像是结局，矛盾似乎得到了解决，但故事还没有完结……你能续写结尾吗，要让故事结局既出乎意料，又合乎情理，试试看。

有时，诗歌也用矛盾法构思。有这样一首儿童诗《向着明亮那方》：

向着明亮那方 / 哪怕一片叶子 / 也要向着阳光透下的方向 / 灌木底下的小草啊 // 向着明亮那方 / 向着明亮那方 / 哪怕烧焦了翅膀 / 也要飞向灯火闪烁的地方 / 夜里的飞虫啊 // 向着明亮那方 / 向着明亮那方 / 哪怕只有分寸的宽敞 / 也要奔向阳光洒满的地方 / 都市里的孩子们啊。

在主题表现上，这首诗和我们今天列举的两篇作品十分相似。不过，诗用形象和意境表达思想，小说和童话用故事塑造人物。希望你认真阅读以上两篇小说原文，并举一反三，体会作品是如何在紧张曲折的故事中刻画人物形象，表现思想精神的。

（2022 年 2 月 6 日）

让你想不到的精彩

在故事情节发展中，让一般人想不到，不按常理出牌的构思方法叫意外法。

一位著名的舞蹈演员给萧伯纳写信求婚。她在信中热情洋溢地说：如果我俩结婚，将来生下孩子，有你那样的智慧，有我这样的美貌，该是多么美好的事情啊！萧伯纳不接受求爱，但怎么回信呢？大师不愧是大师，他是这样回复的——如果那孩子有我的外貌，有你的智慧，那就糟透了啊！想不到吧！

用意外法构思，故事就常常会给你带来惊喜、惊奇、惊叹。

请欣赏小小说《一定找到你》。

小混混迈克在街上打伤了人。想不到被打的竟然是职业拳击手。又想不到拳击手的经纪人就是以心狠手辣著称的可怕的罗伊。为了躲避罗伊会带给他的杀身之祸，迈克投案自首，躲进了监狱——宁可坐牢，也不能落在罗伊手里！

实在想不到，没几天就有人来保释他了。并且更加想不到的是，来保释他的就是他在躲避的罗伊！

迈克以为自己落到罗伊手上，必死无疑。但万万想不到的是，罗伊居然看好他的力量，想用他代替大块头打拳击为自己赚钱，并不由分说地和他谈好了合约条件。一出闹剧由此收场。

意外，意外，还是意外！想不到，实在想不到的事竟然都是现实。小说就是运用意外法，让故事变得扑朔迷离，险象环生。在一环扣一环的矛盾冲突中，主人公罗伊阴险狡诈、贪婪中不失韬略的个性得到了充分展示。

微型小说《拈阄》最大的写作特色也是用意外法讲故事。

海上遇险，一老一青两人身陷绝境时，海盗竟然出现了。这是第一个意外。

海盗没有劫财而救人，但提出在两人中只救一人。这是第二个意外。

老人利用做阄的机会，把生的希望留给年轻人。这是第三个意外。

海盗被老人的义举感动，良心发现，把两人一起救了。这是让人高兴的第四个意外。

最后还有出乎意料的事情发生。海盗自首投案，并要求见见被他救的这两个人，并向他们致谢——他拯救了他们的生命，他们（特别是老人）拯救了他的灵魂。全文篇幅虽然短小，波折却接二连三。

有意外才有波折变化，才有大悲或者大喜。这是讲故事和记叙性文体常用的构思谋篇技巧，很值得我们学习。

我们再一起认真品读小小说《跑不掉的逃犯》（未完部分），然后设计结局，完成续写。要注意情节之间的前后关联。注意人物之间的相互关系。续写部分不能只写逃犯，要把化妆师玲本山子放在一起写，即逃犯以后的命运和她有什么关系。此外，还要注意标题的暗示作用。

化妆师玲本山子刚要下班，忽然，化妆室门外有人敲门。她正忙于清理化妆台，头也没回地说道：请进，门没有锁。

来人是一个身材高大、年轻英俊的小伙子，年约二十四五岁。他一进屋，就随手关上了门，玲本山子正忙于自己的事，没有注意。就在这时，山子感到腰间一紧，一把手枪顶住了她，那个人低声喝道：别作声，不然我杀了你。

玲本山子是个胆大心细的人，急切间，她知道是遇上歹徒，马上镇定下来，不动声色地说：小伙子，有话好商量。

那人恶狠狠地说：只要你肯合作，我决不伤你一根毫毛。我想请你帮个忙，替我化妆。若是想要花招，可别怨我心狠手辣。

玲本山子说道：看来你刚犯了事，是怕警方认出来，所以才来找我？

那人笑了一声说：猜得一点儿不错。我在监狱里待了半年，那个鬼地方真不是人住的。今天我跑了出来，可是警察个个认识我，我怎么也出不了城。突然想到了大名鼎鼎的你，只好来麻烦你一下，希望你不要弄得大家不愉快。

试试看，用意外法等构思技巧续写故事。

什么是作文？作文就是生活，作文就是故事。然而，生活不能预设，生活的剧情随时可能发生意外。

2021年11月30日，中国乒乓球队员樊振东获美国休斯敦世乒赛男单冠军。在比赛结束后的颁奖仪式上，樊振东把冠军奖杯高高举起，向全场观众示意。谁知道，一刹那间，一个想不到的意外发生了——奖杯盖子居然突然脱落砸在他的头上。站在小樊身旁的队友忍着笑马上帮他捡了起来。全场也是笑声一片。对于波澜壮阔的乒乓世界大战来说，这当然只是一个小插曲，一朵小浪花，但也平添了些许亲切和乐趣。

生活是语文和作文大课堂，只要留心观察生活，积累素材，运用意外等写作技巧就能得心应手。

如果说意外法是一朵艺术创作之花，它的土壤一定是生活。

（2022年2月7日上午）

用对比刻画形象

对比，首先是一种思维方法。

我的小学老师中，有两位给我的印象特别深刻。一位是高年级时的班主任兼语文老师，她特别温柔、亲和。然而，50多年后的今天，我一想到她，便总会想到另一个凶巴巴的男老师，我被他打手心的记忆总也挥之不去。某种程度上，女老师的温和，和男老师的严厉，是在对比中产生并加深印象的。

不识货，货比货，有比较才有鉴别，说的正是这种对比的思维模式。

生活中，我们往往喜欢运用对比的方法讨论问题、交流思想。

母亲常跟我唠叨，"不识字有饭吃，不识人没饭吃"。这句老话，在对比中突出后者，把识人提高到生存高度。

以前是拼了命地玩，现在是玩了命地拼。以前年轻的时候不懂事，现在懂事的时候不年轻。

我最大的悲哀不是长大，而是到了小时候最羡慕的年龄，却没有成为小时候最羡慕的人。

少年时，最讨厌做课间操的是女生，做操时最偷懒的也是女生。成年后，拼命练瑜伽的是女人，拼命跳健身操的是女人。老年后，每天起早贪黑跳广场舞的还是女人。

你看，运用时间先后的对比，形成反差和落差，产生的讽刺、批评效果就非同一般。

不怕卖不掉，就怕话不到。笑脸相迎顾客暖，冷言直对买主寒。

对比是思维方式，是说话艺术，也是构思谋篇的写作手法。

在经典童话《长袜子皮皮》中，作者运用对比，设计创造了两种截然不同的儿童形象。杜米和阿妮卡代表传统的模范儿童，皮皮代表世纪儿童。

作品中的对比有三种方式。

一是生活环境的对比。皮皮妈妈在她很小的时候就去世了，皮皮爸爸是位船长，在大洋上来来往往，后来遇到风暴，被吹下海，失踪了。皮皮从小接触的，都是自由散漫、不受束缚的人。所以，皮皮想法很多，行为十分洒脱自由，甚至有点儿放荡不羁，是常人眼中的调皮捣蛋鬼，是一盏不省油的灯。而杜米和阿妮卡一直居住在小镇上，跟爸爸妈妈住在一起，懂事听话，是常人眼中的乖孩子。

二是外貌形象的对比。皮皮一头红色头发，脚上穿的长袜子，一只是棕色的，一只是黑色的。鞋子比脚大了一倍。衣服由于蓝布不够，就临时拼上红布条。怎么看皮皮都不像是一个正常的儿童。而杜米和阿妮卡，作为懂事、听话、有教养的乖孩子，他们梳着整齐的头发，穿着干净的衣服和合适的鞋子，并且不敢违背大人一句话。

三是行为语言的对比。皮皮好开玩笑，喜欢冒险，很淘气，不受任何陈规束缚，常能想出许多奇妙的鬼点子。她的语言也总是让人大吃一惊。虽然杜米和阿妮卡对新鲜事物也有好奇心，但是没有自己去寻找和发现的胆量和能力。他们只能循规蹈矩，按照现有的固定的存在去思考，不好越雷池半步。

在如此多角度的立体对比中，人物形象被刻画得栩栩如生，跃然纸上。

其实，对比手法在文学创作中成功的案例比比皆是。

《一碗阳春面》中，母亲服饰和语言的前后对比。

《故乡》中，闰土对"我"的态度，随着时间的推移发生极大变化。在人际关系的前后对比中，塑造人物形象，反映社会现实，是作品最重要的艺术风格。

《变色龙》为什么成为深受欢迎的传世经典？主人公奥楚蔑洛夫在处理狗咬人事件中，态度随狗主人身份而反复变化，前后形成鲜明对比，形成了极具讽刺鞭挞意义的戏剧效果。对比手法居功至伟。

　　对比是语言的修饰方式，是写作的艺术手法。其实，对比也是制造快乐心态的人生秘诀。因为快乐和幸福，都是在对比中产生和形成的。

（2022 年 2 月 10 日夜）

有误会才有故事波澜

小说怎样才能写得精彩？记叙文怎样才能给人留下深刻印象？制造误会是常用的一种构思方法。

在情节发展中，故意把读者的注意力引入一个方向，而且是错误的方向，最后再解开谜团，揭示真相，让人明白前面的感觉是一种认知上的偏差，这就是编故事、写记叙性文章的误会法技巧。

误会能制造故事波澜，增添作品的艺术魅力。在袖珍小说《奇怪的父子》中，误会法的运用炉火纯青。

下午放学时的校门口，一位老人站在一大群家长中间，翘首张望着。不用说，这位老人一定是来接孙子放学的。

很快，只见一个身强体壮的中年男人，背着一个书包，系着一条红领巾，跟在一群小学生后面，迈着欢快的步伐向老人走来。

老人立刻笑逐颜开，连眼睛都一下子亮了起来。只见老人快步迎向中年人，帮他卸下书包，背在自己肩上，顺手又摸了摸中年男人的脑袋，眼中的慈爱之情几乎要满溢出来。男人笑嘻嘻地牵住老人的手，亲热地叫了一声"爸"。他的面容和嗓音属于一个标准的中年男人，神情和口吻却似孩子，看上去别扭到了极点。

怎么回事？一定是老人的儿子有智力问题……哎，可怜天下父母心！

周末下午，公园里，又是那对奇怪的父子。中年男人坐在秋千上，老人在后面一下下推着。秋千越荡越高，中年男人的笑声越来越响亮。老人饱经沧桑的脸上，满满的都是笑意。

哎，真是一个伟大的父亲！

果真如此吗？其实，你误会了。故事的结局告诉我们，痴呆的是老人，十分孝敬的儿子，为了哄父亲开心，一直在他面前演戏。误会，让情节引人入胜。

你读过世界童话名著《汪汪先生》吗？书中有这样一个情节。

汪汪恋爱了，他爱上了丽夫人。也就是说，汪汪和爸爸一样，都爱上了住在他们家楼上的这位女邻居。汪汪请求玛克思帮他写情书给丽夫人，因为落款写的是"二楼的仰慕者"，丽夫人收到后误以为是爸爸写给她的，便立刻回复，相约晚七点在酒店见面。丽夫人的回信，又被汪汪先看到，汪汪也误以为丽夫人是和他约会，便兴高采烈地带着礼物前往酒店。而这一切，爸爸都不知道，当玛克思告诉他以后，他立马赶去。于是，一场精彩异常的好戏在酒店拉开了帷幕。

作为文学创作常用的艺术手法，或者说是编故事的一种常规套路，误会法用得好，能使故事更加引人入胜，从而增加阅读的兴趣和乐趣。

再提供两则小故事，让你进一步体会误会法的妙用。

火车上，一对老年夫妇和邻座聊天。

老夫妇说他们有两个儿子，一个在北京，一个在南京。现在马上要过年了，一个叫他们去北京，一个叫他们去南京。

邻座十分羡慕。

其实邻座误会了！真相是——

北京的儿子叫父母去南京过年，而南京的儿子又让他们去北京过年！

普通的文字，出其不意的结果，全靠误会法帮助构思。

和朋友一起到银行汇款，车临时停在路边。怕被交警罚款，"我"就请朋友留下看车，跟他说，如果有查车的警察过来告诉"我"一声。

几分钟后，交警来了。"我"朋友立刻风风火火地闯进银行，大声吼道："兄弟，警察来了！"

此刻，偌大的银行大厅几十号人，顷刻间寂静无声，然后人潮像洪水一样涌出银行。

接着，"我"被五六个保安按在了地上……

真是的，不怕神一样的对手，就怕猪一样的队友！

因为"兄弟，警察来了"一句话，造成银行里的人的误会，认为"我"是抢银行的劫匪，造成了让人哭笑不得的后果。误会法用得好，能使故事产生良好的喜剧效果。

文似看山不喜平。误会法能帮助你较好地实现这个写作理想。

（2022 年 2 月 16 日晚）

悬念的魅力

世界经典童话《汪汪先生》，一开头就向读者展示了一种超级神药：只要用上一小滴，牧草就会立马疯长，小红萝卜刹那间就变成了大白萝卜……啊！世界上还有这种魔药？谁发明的？这种药还会产生哪些神奇的事情？

文章落笔便制造了足够的悬念，让每个读者都无法抗拒、迫不及待地想往下读下去。

什么是悬念呢？在欣赏叙事性文艺作品时，读者会产生一种关切故事发展和人物命运的紧张心情，这种心理活动通常被称为悬念。

悬念也是一种艺术表现手法，一种讲故事的构思技巧。我们常说的留下悬念、制造悬念，指的正是这样的写作方法。

悬念法用得好，能激发读者阅读兴趣，也能增添作品的艺术魅力。请看童话大师安徒生《旅伴》中悬念的巧妙运用。

约翰内斯送别父亲，踏上了人生旅途。他深信上天会帮助自己。在寻找人生希望的路上，他先是做了三件事情：第一，整理教堂里的坟墓；第二，把自己的银币送给乞丐；第三，深夜在教堂里，用自己身上所有的银钱，让一个躺在棺材里的死人免遭两个恶人的作践。他心里一直记着父亲的嘱托，要做一个好人。

重新启程之后，他碰到了一个无所不懂而且和他很聊得来的人。两人作伴，一起踏上了寻找未来的道路。

两人在路上，又做了三件事：第一，旅伴用自己的神药，治好了一个老太太的腿，得到了三根枝条；第二，旅伴用神药修复木偶，得到了一把宝剑；第三，两人得到了突然从天上跌下来的白天鹅的两只翅膀。带着这三样东西，他们进了城。

在旅店里，他们得知，倾国倾城的公主正在选丈夫。无论是谁，只要能回答对公主的三个问题，公主就和他结婚，而且将来可以继承王位。但是，如果回答错误，这个人会被当场处死。在约翰内斯他们进城以前，已经有许多求婚者惨死宫中。

我们的主人公竟然昏了头，勇敢地走进王宫，他要冒死求婚！他唯一的力量，就是相信自己是一个好人，一定会得到上天的帮助。

《旅伴》上篇的故事大致如此。那么，约翰内斯能够好梦成真吗？他会遇到哪些困难？那个旅伴是什么人，他会帮助约翰内斯吗？两人在路上得到的三件东西和下面的故事有什么关联？

悬念，太多的悬念，通篇都是悬念！读这样的作品，你怎么舍得放下呢？

像《旅伴》一样通篇运用悬念的并不多见，因为悬念这个好东西一般都放在文章的开头，或放在情节正式展开的前面。这样的经典范例俯拾即是，举不胜举。

法国当代著名作家特罗亚的代表作《最好的顾客》，写一个70多岁的老先生，来到一家花圈店。店主热情询问：你送给谁，要哪一种花圈？让人万万想不到的是，这个老年顾客居然说，每一种都要一个。啊？啊！不可思议！

作品成功运用悬念法构思行文，直到最后才揭开谜底，展示真相，让人在恍然大悟之际，生发无限感慨：一个可怜可悲又可敬可爱的老人！也是一个最好的顾客！在荒诞离奇的故事和人生背后，展示的是人性的光辉。推荐你去阅读这则特别出色的短篇。

还有世界名著《不老泉》《跑猪噜噜》《汪汪先生》等，也是从头到尾充满诱人的悬念。

格格村坐落在大山深处，这里干旱少雨。自从一眼泉水枯竭后，村里的人生活更加艰难。不过，尽管这样，村子里的人谁也没有随便搬走，因为他们有一个共同的秘密。

这是童话《骗狐狸皮的孩子》的开头第一节。随着情节的展开，狐仙和孩子小瓦的故事，会让你拍案叫绝，终生难忘。只要稍加注意，你就会发现，制造悬念，简直就是作家的一大创作法宝。

许多好标题也得益于悬念法的帮助。失踪的新郎、失踪的冠军、新娘的泪痕、我没有回家、半夜枪声、半夜有人敲门、警察与小偷、第一次约会、第二次握手、索性做了和尚……题好文一半，给人一种强烈的期待结果的欲望，这样的题目能给读者先入为主的良好印象。

其实，在我们日常的语言生活中，随处可见悬念的身影。考试结束后，老师将要公布成绩，大家的心悬着，把念头悬挂起来，就是悬念。

有这样一则小幽默，用的就是悬念法。

小王是个足球迷。一次，他在餐馆用餐，发现菜单上有一道菜叫"中国男子足球"。这个菜名让他好奇又心动，于是他就点了这道菜。过了一会儿，菜做好了，服务员端上来，小王一看，啊，原来这道菜竟是——猪蹄炖黄豆。

有悬念了吧？试试看，请你续写个菜名如何？

（2022 年 2 月 18 日午时）

情节翻转有惊喜

在小说等叙事性作品结尾时，突然让人物的心理和情境，特别是情节的发展，发生让人意想不到的变化，让故事结局或主人公命运陡然逆转。这种既在想象意料之外，又在情感逻辑之中的结尾艺术，称为情节翻转。

美国短篇小说之王欧·亨利是运用情节翻转最出色的高手，欧·亨利式的结尾，成为他最为鲜明的艺术特色和创作标签。

在《警察与赞美诗》中，一个无家可归的流浪汉想进监狱躲避冬季严寒。他到处为非作歹，作奸犯科，但始终没有被警察抓去。然而，正当他思想上发生变化，忏悔过去，立志重新做人的时候，警察却把他抓走了。这种意想不到又合乎情理的结局让人啼笑皆非，增添了读者对主人公的更多同情，也加深了作品讽刺社会的现实意义。《麦琪的礼物》也是这种结构艺术的不朽经典。

运用情节翻转，给人意想不到的惊喜，最重要的原则是，既在意料之外，又在情理之中。请读袖珍小说《为谁而哭》。

酒吧内，一位先生垂头丧气地呆坐着，眼神暗淡地盯着自己的酒杯差不多有半个小时了。

这时，一位高大魁梧的卡车司机，突然走到这位先生身旁，直接拿起他的酒杯，一饮而尽……

这位可怜的先生开始哭起来。司机说：哈哈，别这样，我不过和你开个玩笑，我另外再帮你买一杯酒好了。我就是不能忍受男人在我面前哭。

可怜的先生说：不，我不是因为这一杯酒而哭……

可怜的先生接着说：今天是我一生中最倒霉的一天。首先我睡过了头，错过了一个重要会议，我的老板一怒之下炒了我的鱿鱼。当我离开公司，发现我的汽车被偷了。警察说，他们也无能为力。我坐出租车回家，刚付完钱，车开走之后，我发现我把钱包落在了车上。

作品用悬念法开头，接着是误会法和意外法讲故事。读到这里，你一定以为，可怜的先生痛哭的原因已经道明。那么，你错了！如果这样写，文章就失之平淡无奇。作者的高明正在于，文章的结局很好地实现了情节翻转——

"我实在不想活了，便来到酒吧，在酒杯中放下了剧毒药物，想不到又被你一口喝下……"

在故事发展过程中，作者始终把最重要的东西包藏着，引而不发，到结束时再和盘托出原委，实现出奇制胜的艺术效果，这就是情节翻转的美妙。

情节翻转法可以用在现实题材的写作中，也可以用在魔幻作品的构思上。请品读小小说《天使不后悔》，进一步领会这种艺术方法的妙用。

玛莎现在已经 75 岁了，她这辈子没有结过婚，而是养了一只猫陪伴自己。在她看来，猫咪可比男人可靠多了。

一天，天使突然出现在她和猫的面前，说可以帮助玛莎实现三个愿望。

玛莎的第一个愿望是拥有很多财富，这很快就变为现实了。

玛莎的第二个愿望是变得年轻漂亮，也很快实现了。

玛莎激动得落下眼泪，雄猫鲍勃也惊讶极了，不由"喵喵"地叫了两声。玛莎激动地亲吻鲍勃，对天使说：我的第三个愿望，是让我的鲍勃实现一个愿望。

天使对鲍勃说：说吧，你要什么？

鲍勃听了，高兴地对天使"喵喵喵"叫了几声。

天使一听，懂了，也愣住了。但天使犹豫片刻，还是挥了挥手，然后就消失了。

考考你，怎样用翻转法，写出一个非同凡响的结尾？

原文是这样写的——一刹那间，年轻貌美的玛莎，变成了一只雌猫，一只美丽的雌猫。

怎么样，精彩吗？想不到，又合乎情合理。这就是情节翻转法的真谛。

（2022 年 2 月 18 日晚）

续写，快乐的自由写作

多年来，我积极践行读写结合、读写打通的大语文教学，努力探索融经典阅读和自由写作于一体的大语文课程特色。续写，作为自由写作中的一种经典方式，便是这种特色课程的一大亮点。

从原文出发遵循原作思路，对作品进行延伸性写作，往往能激发学生的好奇心和表达欲望，对培养想象、联想能力十分有益。这种写作，往往适用于故事性强的作品，前提是对前面的故事情节烂熟于心，且对人物性格的发展有一个较为准确的把握。

这种写作，有提示约束和要求，但没有规定和限制，学生可以充分发挥想象和联想，大胆编造故事，设置矛盾冲突，组织情节发展。特别重要的是故事结局的安排往往千姿百态，各有巧妙。这样的叙述文体，是一种开放激励、自由快乐的体验式写作。

以美国当代儿童小说《不老泉》的读后续写为例。

这是被《纽约时报》称为"一部惊悚而美丽的小说，读来放不下，放下忘不了"的经典。作为"老高私塾"的必读作品，每期执教，我都会安排两次续写训练。

第一次课。梅一家四口，77 年前喝了林子里的不老泉，容貌一直未变。

因此，他们不敢在一个地方久住，一家人也不敢住在一起，想尽力守住不老泉的秘密。父母和两个儿子约定，每隔十年，在八月头一个星期的一天，他们在林中的不老泉边相聚，然后一起回家团聚几天。不老泉所在的这个林子属于福斯特家，但从未有人进入。一天，一个陌生人突然造访林间村的福斯特家。福斯特的独生女温妮这次偶然闯入林中，见到梅的儿子杰西正在喝泉水。这时，梅妈出现了。她极为紧张地说："躲不过去啊，最糟糕的事终于发生了。"

在情节发展的节骨眼上，打住，续写，学生怎么会没有写作创造的激情冲动呢？

第二次课，温妮被梅一家"绑架"了。但"绑架者"和她一样惊慌，反过来苦苦哀求，让她不要害怕。温妮跟着到了他们家。一家人把他们身上的所有秘密都告诉了温妮。自从喝了泉水，摔不伤，跌不疼。毒蛇咬过一点儿没事，吃了毒蘑菇安然无恙。更让人不敢相信的是，子弹穿心而过，连个疤痕也没有。容颜不老，长生不老！一家人终于明白，如果不老泉让大家知道，人们都去喝此不老泉水，对于人类和这个世界将意味着毁灭性的灾难！

温妮听呆了，温妮成了世界上唯一知道不老泉秘密的人。一家人对她十分友善，让温妮不觉被"绑架"的危险，反而觉得和他们在一起，一切都是那么美好。然而梅一家人和温妮都忽略了一个人——陌生人。这个人一路尾随，听到了所有关于不老泉的谈话。此时，他们的老马突然被偷。正当一家人疑虑担心之时，突然，有人敲门。全家人异常紧张，因为他们从来没有一个客人！来者正是陌生人。来者不善！

如果在传统的评话评书里，故事讲到这里，往往会用"欲知后事如何，但听下回分解"这样的套话，卖关子，留悬念，吊足听众胃口。而在我们的课堂里，在情节发展十分紧张、学生情绪进入兴奋状态之时，引导学生续写故事，完成创作，学生的写作情绪便如油锅里突然溅进了水花一样，噼里啪啦，兴奋不已。

薛同学的构思很有新意。

关键时刻，温妮从口袋里摸出一种果子，梅吃后身体突然变得轻松自在，并且马上有了疼痛的感觉。一家人都吃了温妮的果子，从此便正常生活，正常死亡。同时，面对陌生人的贪婪，温妮谆谆开导："这世上生老病死定有天意，我们不可轻易改变……人不可过于贪心，上天给了你多少日子，你就接受，不要多想。"

作为初中生，能从生命哲学的高度发表议论，实属难能可贵！

孩子的想象，往往十分大胆、美好。"温妮心想，我一定要毁了这不老泉，还这个世界一个清白。说完她就跳进泉中……"这是陈同学的杰作。

"黄西装（即陌生人）带着黑帮老大来到了泉水旁。黑帮老大找到了不老泉，觉得陌生人已没有利用价值了，便一刀捅死了他。谁知，鲜血染红了草地，渗进土里，这泉里的水一下子全没了。"沈同学的想象如此丰富奇特，结局如此夸张、凄凉而完美，令人拍案叫好！

孩子的思维多么空灵神奇。通过想象，他们再造了理想的故事场景，描述了自己的爱憎和审美情感。这样的写作，成了他们的生命体验和人生历练。美好的人性的种子，也在此过程中渐生渐长。

"在上老高私塾之前，我是不太喜欢写作的，甚至是有些讨厌写作。但上了老高私塾，我的想法有了翻天覆地的改变。"小倪同学如此感慨。她还邀请了几位世界名人，在自己的作文集封底为她写下广告语——

"哇，这本书真是太好看了！"（莎士比亚）

"倪梓萌真是太有才华了，我看好你哟！"（林肯）

"如果你是世界上写作水平排名第二的话，就没人敢称第一！"（爱因斯坦）

尽管有点儿搞笑，又夹杂着几分调侃，但激动、喜悦和自信也溢于言表。

"激动，快乐，自信"，经典阅读和自由写作的意义，也许都让这六个字说尽了。

（2021 年 10 月 16 日）

带锁的抽屉

初一、初二的孩了，能不能写恋爱题材的作文？

我几番犹豫，最终决定还是写！

千百年来，人类什么都在变化，也许，唯一不变的只有爱情。

幸亏写了。孩子们的作品各有特色，花开满园！

一天，女儿跟妈妈商量，想在自己的抽屉上装一把锁。在女儿的软磨硬泡下，妈妈勉强同意了。买锁后，妈妈提出，要替女儿保管一把钥匙。女儿不愿意，妈妈再次妥协。从此，妈妈一直提心吊胆，担心女儿早恋。女儿呢，也担心，担心妈妈会打开自己的抽屉。可是半年过去了，妈妈一直没有打开过。一天，在抽屉旁，女儿对妈妈开了个玩笑：我好像早恋了，不过对象是自己……说着，女儿打开了抽屉，只见里面什么都没有！原来，女儿给抽屉装锁，是用来测试妈妈的，看妈妈是否信任自己。而且，女儿早已在抽屉里放了报警器，只要不是用钥匙打开，就会报警！

这是一个男生的杰作，也许是虚构的。但类似的生活故事，应该比比皆是。女儿欺骗甚至戏弄妈妈，批评！妈妈尊重信任女儿，表扬！如此道德评判，恐怕太过简单肤浅。今天，我们怎样做父母？这是新时代家庭教育的一个特别重要的命题。如此重要的生活题材，作文没有必要回避。写作的意义，正在于通过文字，给自己也给周围的人，营造甚至创造一个富有诗意的新的生活空间。

班主任预告：今天下午，学校请来一位心理老师给大家上课，课题是关于早恋的。班主任一离开，教室里炸了锅。大家都围在"绯闻大咖"小顾身边。小顾公开承认，和某某女同学好上了，而且暂时不会和她分手。

人群瞬间沸腾，起哄声不绝于耳。

不过，想不到的是，小顾同学一番言谈，让大家佩服得五体投地。

小顾同学说，他立志将来做一名心理咨询师，专门处理青春期早恋问题。于是，他就想着要亲身实践，亲自体验一回。而且，通过调查，他掌握了大量一手材料，主要是当事者的家庭背景和心理状况。同时，结合自己的实践体会，他已经写出了一份调查报告。现在，这份报告，已及时上交校长。这正是心理咨询师来校上课的由来。小顾同学说完，教室里"空气长时间地安静了。紧接着，爆发出雷鸣般的掌声！"

早恋？早练？

——应该是"早炼"！

高度生活化的题材，高度社会化的主题，构思立意，别出心裁。悬念、意外，让人欢欣鼓舞。描写时，提示语用得好，细节描写颇为传神。然而，更值得称道的，不是写作技巧、写作艺术，而是思想，是积极的主题立意！

作文是什么？作文就是故事，作文就是生活。作文教学首先要关注学生的生活。读学生作文很高兴，但走进学生生活，我却实在高兴不起来！

关注学生生活，让我吃惊不小，哀叹连连——

在讲评和随后的个别交谈中，我得知，初中学生中，男女生非正常交往比比皆是！

我不敢相信，但这是真的。一个学生告诉我，他们班上公开的就有好几对。一个学生说，他班一直考第一名的男生，女朋友是隔壁班的，他们都知道。还有一个孩子说，他们班有两个男女同学，一下课就黏在一起，无所顾忌！天啊，真让我拍案惊奇！

初一、初二的学生，还是孩子，为什么会陷入早恋？作为教师，作为父母，我们应该怎么办？作为学校，作为教育者，行之有效的路径在哪里？这真是一个千古难题！动之以情，晓之以理？严防死守，整日整夜盯着不放？我想，大家该使用的方法一定都使用了，该采取的措施，一定都尝试了。一个学生在作文里写道："妈妈私自把我的抽屉打开了，同时也把我的心房锁上了。"也许，现代社会，见多识广的孩子软硬不吃。怎么办？

心病还需心药医。心药，最好的心药在哪里？我以为，唯一的答案是：在经典名著里。少男少女，要是没有自己心爱的作家和心爱的作品，完美的教育是不可能实现的。让孩子多读名著好书，让他们的情感和身体一起发育成长，让他们的理智和审美价值观念，成为自我教育、自我管理最好的老师和课堂。他们一定会明白，异性同学之间的种种举动，都是在错误的时间、错误的地点，做着错误的行为，结果一定是浪费精力，影响学习，折磨自己，伤害父母。同时，他们也会在好书中懂得，早恋一定是感情不成熟的表现。他们一定会在天真年少的岁月里，仰望异性的天空，找到最耀眼、最美好的那一颗星：尊重和庄重！

这个世界上，最好的教育一定是自我教育。好书会告诉孩子，情商比智商更重要；学会做人，尊重他人，比成绩更重要；教养，就是让别人更舒服。从小严于律己，做自己情感的主人，将来无论能否考上大学，无论从事什么工作，有这些良好的品德教养，就是人生最大的财富，就是永远跟随自己的一片幸福的人生家园。

初中生，控制好自己，不能让感情的野马，践踏了芳草馥郁的青春的田野！

（2021 年 4 月 12 日）

怎样写好动物的故事

动物是人类的朋友，是文学的常客。在中小学语文课本里，动物题材的课文比比皆是。

老牛、蟋蟀、蚂蚁、乌鸦、小蝌蚪、壁虎、小兔、猫、鸡、蜘蛛、狗、狐狸、天鹅、杜鹃、翠鸟、小鹿、紫貂、黑熊、松鼠、青蛙、刺猬、灰雀、燕子、鸳鸯、鸭子、河豚、黄鹂、蜻蜓、瓢虫、蚂蚱、龙、蜜蜂、虾、螃蟹、羚羊、猴子、骆驼、熊猫、驴、蝉、老虎、蝙蝠、蝴蝶、琥珀、苍蝇、恐龙、白鹭、鸵鸟、猎豹、鲸鱼、海鸥、大象、马、狼……我初步统计了一下，小学三年级到初中，动物（包括昆虫和鸟类）题材的课文有近 40 篇之多。

作家，特别是儿童文学作家，往往喜欢写动物的故事。那么，怎样才能写好动物题材的文章呢？这里，我以经典童话《跑猪噜噜》为例，和大家作些分析和分享。

猪的故事？上面怎么没提到？是的，课文里没找到。因为猪不受待见。

猪也是人类的好朋友，猪把一切都献给了人类，但我们却一直鄙视猪，一直不友好地对待猪。在人类的语言生活中，猪就是愚蠢和懒惰的代名词。

其实，这是一个天大的误会。现代科学研究表明，猪不但不笨，还非常聪明。如果把猪、狗放在一起进行拉车、开门等测试，我们就会发现，猪只要看人示范两三次就学会了。猪的嗅觉非常灵敏，经过训练，猪可以帮助人们找到埋在地下的地雷等东西。经过专门培训，猪会跳舞、打鼓、游泳，有的还会直立推拉小车。

中国有一句老话，贵人爱龙，百姓爱猪。在老百姓心中，猪是富裕和吉祥的象征。所以，我们家里的储蓄罐，往往都是小猪的造型。

猪在文学画廊里的形象不是很多，而且性格较为复杂。最典型的就是《西游记》中的猪八戒了——蠢笨，好吃懒做，重情重义。

如何以猪为主人公写出好文章？如何写出与世俗偏见不同的可爱奇特的猪的艺术形象？动物题材的构思创作有什么共同的要求和秘诀？《跑猪噜噜》为我们提供了不可多得的经典范例。

首先，噜噜是一个正面人物，而且是一个英雄，甚至是一个神一般的形象。它的身上，有趣好玩的地方太多太多。

噜噜爱运动，特别喜欢足球。每当球员们在足球场上追奔逐北的时候，小院子里的噜噜就会激动不已，它会尖叫着沿着篱笆窜来跑去。当它看到我们的队员向对方的球门发起冲锋的时候，它会情不自禁地迈开猪腿，狂野地向前冲去。你看，这哪里是猪，简直是一个天才的运动少年。它的骨子里似乎有着喜欢足球的天赋。

不仅如此，噜噜还有人的情商，知道为自己人加油助威。噜噜成为球队吉祥物以后，直接帮助队员训练，看见队友传球速度不快时，自己迈动四腿冲上前去，用猪鼻子往前拱球。它在为队员做示范动作呢！它做陪练，训练队员的奔跑速度，全队居然只有一个队员偶然能比它跑得稍微快一些。特别精彩的是，裁判向我们的队员出示黄牌的时候，噜噜居然挣脱绳索羁绊，撞冲进场，一头撞开裁判，叼住球就往对方球门跑去，一直到冲进球门后嘴才松开，那球早就被它咬破弄瘪了。

这哪里是一头猪，这分明是一位激情洋溢、活力四射的优秀啦啦队员，是一位热情负责、一丝不苟的好教练，是一位血气方刚又敢作敢为甚至不顾一切的好兄弟！当然，噜噜这个人物形象的塑造，都是在科学的生活真实和文学的想象夸张中实现的，都是在幽默诙谐、生动有趣的艺术氛围中实现的。

有猪的特点，有人的优点；既要写出动物性，又要写出人性，这正是动物题材写作一个最重要的准则，一个重点、难点。

我经常让孩子以动物为主人公写作文。在经典阅读的基础上，在我的点拨引导下，学生笔下，动物的故事精彩纷呈。下面是一位四年级孩子的优秀习作片段——《小猪找朋友》。

"嘿，你愿意跟我交朋友吗？"

"哦？是我吗？那可不行，我没时间！"小鸭傲慢地说。

小猪很孤单，没朋友，因为它身上脏，谁都不理它。

小猪慢慢地沿着石子小路走向森林。微风呼呼地吹着路边的野花野草，它的心情十分低落。

"嘿，小松鼠，你愿意和我做朋友吗？"

"可是……我朋友太多了，不用了。"小松鼠啃着松果，头也不抬地说。

哦，天哪……眼泪在小猪的眼眶里打转。

"哦，多可怜的小猪，我愿意和你交朋友！"突然，小猪的头顶传来十分亲切的声音。

"我也愿意！""我也愿意！"

慢慢地，一大堆声音从四面八方传来，都在喊：

"我们愿意和你交朋友！""我们愿意和你交朋友！"

是谁？是谁在喊，是谁？小猪有些迷茫。

"是我们——我们是时刻在你身边的落叶！"

啊？！小猪终于忍不住了，"哇"的一声哭了出来，一边哭一边喊："我有朋友啦，我有朋友啦！"

沙沙沙，沙沙沙，树叶们在唱歌，歌声是那么的悠扬。

这篇佳作，给我们带来的一个特别重要的启示就是用对话讲故事。情节的发展，人物的痛苦和欢乐，全用语言描写来表现。

　　写好动物题材的文章，另一个重要的方法就是让人物多讲话。用对话讲故事，突出对话描写在创作中的重要性，这是写好动物故事的又一个秘诀！

（2022 年 2 月 17 日夜）

在语言生活中为狗狗平反

在现代语言的密林中，处处活跃着动物的身影，而狗又是特别活跃的一种。

令人遗憾的是，在现代社会的语言生活中，狗狗往往出现在骂人的"脏话"里。

在现代人类的语言生活中，狗为什么总是被作践、被凌辱？

也许，这是现代人的误会和偏见。

自古以来，在所有的动物中，狗一直是人类最忠诚的朋友和伙伴，是最受人喜欢的一种动物。

中国人都知道这样一句熟语：羊有跪乳之恩，狗有救主之心。平时人们把狗狗作为宠物一起游戏玩耍，心情不好或承受压力时，还会向亲昵的宠物狗寻求安慰。

在社会语言中，人类和狗的亲近，也是狗狗最为荣幸的，是中国人历来喜欢把狗字放在自己的名字里。《红楼梦》中，刘姥姥的女婿叫"狗儿"。

不仅名字用狗，很多人，包括很多名人，都说自己愿意化身为狗。

明代绍兴大才子徐渭，字文长，号青藤，诗文领百年风骚，画画更是旷世奇才。因此，他让后世江苏才子郑板桥佩服得五体投地，乃至说出"愿为青藤门下走狗"这样的经典名言。

马相伯，现代中国教育泰山北斗式人物。江苏镇江人，毁家创办复旦大学。1912年任南京市第一任市长。康有为、梁启超、蔡元培、张元济、于右任、黄炎培等民国大家都是他的学生。马相伯是一位真正的爱国者，1939年百岁临终时，对挚友留下一句感动千秋的话——我是一只狗，叫了一百年，还没有把中国叫醒！

在郑板桥和马相伯的心里，狗是"忠诚"二字最好的代名词。在如此语言环境里，人类和狗不分你我，哪里还有半点歧视？

感谢，总算有人在语言生活中为狗狗做了平反。

狗能交上如此好运，不是偶然的。不是吗，今天，我们把工作时间长、压力特别大的职场人员，称为"加班狗"；称大龄未婚青年叫"单身狗"；把在众人面前秀恩爱叫"撒狗粮"。这些都带有同情亲切的语气。

令人更加欣慰的是，作为文学作品中的常客，狗的形象往往是正面可爱的。

你读过童话《汪汪先生》吗？那是一部具有全球影响力的经典名著。作品中的一号主人公就是一只叫"汪汪先生"的狗。它纯朴热情，敢于追求爱情，追求幸福，最后经过不懈努力，终于实现了生活理想。同时，汪汪还是一只仗义的狗，一只愿意用自己的生命换取友谊的狗。这样的艺术形象，打动了无数读者。

再讲一个以狗为主角的寓言小故事。

狗和狐狸是最好的朋友，曾发誓团结一心，生死与共。有一天，他们突然遇到了死神，死神对他们说："你们两个只能有一个活着，你们猜拳吧，输的一个必须去死。"生死危难时刻，他们抱头痛哭，再次发誓愿意用自己的牺牲，去换取对方的生命。他们暗自商量好了如何猜拳。结果狐狸输了。狗狗抱着狐狸的尸体伤心欲绝："兄弟啊，说好的，我们一起都出石头，为什么我出了剪刀，你却出了布？"

亲爱的同学，你读懂这个故事了吗？

亲爱的同学，你还能写出带狗字的词语吗？

亲爱的同学，你还能讲讲语言中有关狗的故事吗？

（2021 年 10 月 30 日）

愿有岁月可回首

　　婚礼致词就是专门讲好话的，所以要讲出个性特色、幽默风趣和文采文风，很难。君不见，普天之下，所有的婚礼致词往往千篇一律，老生常谈。

　　守正出奇、推陈出新，吸引现场听众的注意力，我的招数如下。

在新郎新娘的学科上做文章、扣主题

同事许老师的女儿结婚。新郎是海归博士、计算机系教授。新娘是南京大学新闻系毕业，现在是江苏电视台记者。一对高学历大龄佳偶，我的证婚词也必须高大上一些。

新郎和新娘在千山万水茫茫人海相遇。计算机和新闻专业的姻缘际会，现代高科技和现代传媒的幸福组合……新郎愿意用他超级的宽带、超大的内存和硬盘来存储未来的一切……多年来，新娘用文字、话筒和摄像机采访社会，记录生活，今天她终于成了最幸福的被采访人，她将用一生的报道来证明一个爱情的命题——爱是一个悖论，付出得越多，得到和拥有的也越多……

同事褚老师的儿子是北大毕业的高材生，儿媳也是名牌大学毕业，两个人都是学数学的。于是，我就用数学的名词术语为他们送上祝福。

新郎在追求新娘时曾经说，亲爱的，我们的心都是一个圆形，因为它的离心率永远是零。我对你的思念，就是一个循环小数，一遍一遍，执迷不悟。我们都是抛物线，你是焦点，我是准线，我想你有多深，我念你有多真！

新娘对新郎曾经如此表白，亲爱的，你是正数，我是负数，我们都是有理数。但愿，恩爱天长，加减乘除难算尽，好合地久，点线面体皆有缘……我衷心祝愿你们，爱情如几何曲线，快乐绵绵无穷尽；生活似小数循环，幸福多多乐百年！

少用千篇一律的套话，多用新鲜的、贴近时代、贴近生活、贴近新郎新娘个性的生动语言，也许这样的证婚词就有点儿出彩了。

在年份属相上做文章、求趣味

今年2月，同事周老师的儿子结婚。牛年新春，我的证婚词便在一个"牛"

字上面下足了功夫。

祝福两位新人，在金牛欢腾的吉祥之年，充满牛劲地踏进婚姻殿堂。祝福你们成家不忘立业，今后在工作上要如牛负重，要老鼠跟牛斗一样地大干一场。要让大家看到你们牛背上翻跟头的真本领，花九牛二虎之力创一番功业。而且瞄准了目标，就一定要有九牛拉不回的毅力。相信你们，一定能事业有成，赚钱多如牛毛，你们男女双方两个大家庭的生活就会老牛打滚大翻身！

祝福你们早日成为牛爸牛妈。有了初生牛犊不怕虎的小金牛以后，你们要老牛舐犊，俯首甘为孺子牛。在孩子的教育培养方面，要驴推石磨牛耕田一般的分工明确，而且要知道怎样抓住牛鼻子，知道牛牵鼻子马抓鬃，抓得住教育的重点和难点，这样就一定能把孩子培养成牛顿一样的天才……相信你们，老牛亦解韶光贵，不用扬鞭自奋蹄……

这样的致词，幽默而不失亲切，风趣又洋溢文采，现场效果比较理想。

在节日气候上做文章、求特色

婚礼大多在节假日举行，这就为证婚讲话稿的写作提供了取材角度。春节、元宵节、情人节、劳动节、青年节、中秋节、教师节、医师节，甚至儿童节、重阳节，都是良辰吉日，都可以成为祝贺道喜的由头和媒介。

借气候写证婚词有点儿难，但心中有祝愿，日日是好日。纵然风雪雷电，都能传递万般柔情，用得好，也能收到出奇制胜的良好效果。

2018年2月19日，同事小余老师结婚，时逢连续阴雨，便有了我如此这般的证婚致词。

今天是黄道吉日，老天爷又下了两天的绵绵细雨，更是好上加好，喜上加喜。新郎新娘真诚相恋，他们的真爱感动了老天爷，特地在这大喜的日子里降下这滴滴甘露，为你们洗去爱情道路上的仆仆风尘，好让你们精神焕发地踏上新的人生旅程……今天的春雨，象征着来日的丰收和富足，在此，我祝愿一对新人和在座的各位朋友，爱情甜蜜如雨丝，生活富足如大地……

证婚词应该写得有点儿文采和诗意，尽量为一对新人、两个家庭和全体来宾送上不一样的祝福，为新婚庆典锦上添花。

愿有岁月可回首，且以深情共白头。美好的证婚词就应该是这种"可回首"的最美礼物。

（2021 年 11 月 30 日一稿，12 月 2 日二稿）

我们生活在广告中

现代社会，商品经济无孔不入，商业广告铺天盖地。广告是一种特殊的语言现象，它既要反映事物的重要属性，又要吸引和刺激大众的消费购买欲望，因此，广告语最大的写作特点是短小精悍又内涵丰富。

1988 年的一天，杭州一家校办企业经理宗庆后，偶尔听说浙大一个教授有一个配方，对小孩营养消化有好处，便登门拜访，最终研制为儿童营养液"娃哈哈"，三年间销售过亿元。某种程度上，这样神奇的业绩和他制作的广告语分不开——喝了娃哈哈，吃饭就是香。以后，宗庆后一路顺风顺水到如今，几度登顶中国首富宝座。

从经济效益角度说，在所有的写作文体中，广告语是最值钱的。那么，它的创作有哪些方法和技巧呢？

下面选一些经典广告语，从语言表达和写作角度，和大家略作鉴赏、分享。

（1）雀巢咖啡：味道好极了！

这是人们最熟悉也最喜欢的广告语之一。聊家常一般的语言，简单而又意味深远，朗朗上口，发自内心的感受脱口而出，正是这句广告经典的表现，以至于雀巢公司以重金在全球征集新广告语时，发现没有比这句话更经典的了，所以就永久地保留了它。

（2）百事可乐：新一代的选择。

在与可口可乐的竞争中，百事可乐终于找到突破口——从年轻人身上发现市场，把自己定位为新生代的可乐，邀请青年喜欢的超级歌星作为自己的品牌代言人，终于赢得消费者的广泛青睐。一句广告语，明确地传达了品牌的价值定位，创造了一个市场。

（3）人头马 XO：人头马一开，好事自然来。

喝人头马 XO 一定会有一些不同的感觉，因此人头马给你一个希望，只要喝人头马，就会有好事等着你。有了这样吉利的预言，谁不愿意喝人头马呢？抓住心理需求，从情感上打动读者，正是这句广告词在写作上最成功的地方。

（4）车到山前必有路，有路必有丰田车。

这则广告成功地化用了"山重水复疑无路，柳暗花明又一村"的古诗，文字简明，但内涵丰富。一是表明了车的质量之高，广告词没有直接宣传产品的质量，而是用销量之大来表明；销量之大也不是用数量直接表明，而是用路来间接表明。二是表明了车的适应性强，有路必有丰田车，隐含着不管什么路，丰田车都可以纵横驰骋，往来自如。三是表现出很强的自信心，两个"必有"，语气坚定，给人以信赖的感觉。特别值得学习的是，广告采用顶真的修辞手法，读来顺口，听来悦耳，过目不忘，便于传播。

（5）戴比尔斯钻石：钻石恒久远，一颗永流传。

事实证明，经典的广告语总是丰富内涵和优美语言的结合体。戴比尔斯钻石的这句广告语，不仅道出了钻石的真正价值，而且也从另一个层面把爱情的价值提升到足够的高度，使人们很容易把钻石与爱情联系起来，这的确是最美妙的感觉。

（6）山叶钢琴：学琴的孩子不会变坏。

这是台湾地区最有名的广告语，它抓住父母的心态，采用攻心策略，不讲钢琴的优点，而是转了一个弯，从学钢琴有利于孩子身心成长的角度，吸引孩子父母的眼球。语言表达上的委婉技巧的确很有效，一般的父母都十分认同山叶的观点，于是购买山叶钢琴就是下一步的事情了。山叶公司的高明正在这里。

（7）海澜之家，男人的衣柜。

这句话拥有鲜明的品牌形象，强调对于男士服装的专注度、专业感、全面性。用具象代替抽象，用画面代替说教，给消费者创造了很大的想象空间。

（8）联想，人类失去联想，世界将会怎样？

（9）中国移动通信，沟通从心开始。

（10）电熨斗，百依百顺。

（11）冰箱，众里寻他千百度，想要几度就几度。

（12）巧克力，只溶在口，不溶在手。

（13）大众甲壳虫汽车，想想还是小的好。

（14）康师傅方便面，好吃看得见。

（15）孔府家酒，叫人想家。

广告词的本质是说好话，是煽情。因此，一个共同特点是动之以情，是千方百计触动你，打动你，从而敲开你的钱包。

巧用谐音、幽默等手法，在广告语言中也较为常见。

"请记住，上天并不是十全十美的，他给汽车准备了备件，而人没有。"这是交通安全宣传广告。

"无所不包"，饺子店的广告让人联想翩翩。"闲妻良母"，洗衣机的广告让人会心一笑。"臭名远扬，香飘万里"，臭豆腐如此宣传自己，令人捧腹。

夸张，也是广告语写作的经典利器。现代社会，房地产特别热门，高手制作的相关广告语往往丰富诱人。

最贵的地叫地王。最贵的楼叫楼王。建得最晚的叫绝版，建得最高的叫地标。人最多车最吵的叫地铁双汇，挤在写字楼中间的叫精英专属领地。在老城区的是千年文脉，在郊外的是生态社区。户型小的称实用，户型大的称成熟人居。起个洋名喊欧式，起个中文喊古典。

不得不承认，这样的广告夸张，还真能吸引客户。语言就是力量，常常能在这里得到生动演绎！

现代媒体的发达，给广告的创作和制作提供了更大的平台和空间。有一类精彩的电视广告，就充分利用了画面和文字结合在一起的形式，富有创意，特别吸引眼球。

现代商业社会，我们简直就是生活在广告之中。打开电视，翻开报纸，走在十字街头，玩在山水园林，广告无处不在，让你躲不开，绕不过。不要讨厌，不要视而不见，不要一目三行，请停下你的脚步，睁开你的慧眼，认真阅读欣赏——广告，语文和作文生动的大课堂！

（2022 年 2 月 9 日晚）

外孙女的高分作文

经典好在哪里？美文美在哪里？

读和写的道理是相通的——语言美，内容美，写法美。"老高私塾·读而写"课程，教学重点正是这三美。抓住这三美，阅读能力和写作能力的同步提高，便指日可待。

今天"公主班"的最高分作文，正因为体现了这三美，我才打了98分的高分——要不是错别字略多，是可以打100分的——作文为什么不能打100分呢？

先请欣赏品读原文——

鹿、狗和猫的爱情故事

苏州市平江实验学校　四（7）班　詹欣玥

"亲爱的猫小姐，请……请嫁给我吧！"狗先生的脸涨得通红，手中拿着一束小野花。

"这……"猫小姐一时不知道该怎么办。

"你先……先拿一束好点儿的花再来吧！"

"好，我这就去！"狗先生家里很有钱，这次采野花只是因为太着急。

趁狗先生买花的工夫，鹿哥来了。他手里捧了一束限量版爱情玫瑰花，穿着西装。

"猫小姐，你喜欢这束玫瑰吗？"鹿哥用手一点玫瑰花，那些花竟然发出了彩色的光芒，还唱起了歌——

你爱我呀，

我爱你，

我们爱情甜蜜蜜！

我爱你呀，

你爱我，

我们的爱情在心里……

听完歌，玫瑰花里还喷出了好多糖果。

"喂！怎么又是你！大笨鹿！死笨鹿！"狗先生的眼睛好像在冒烟。

"哎呀！别骂人呀！"

"你少在这里装……"

"停！"猫小姐大叫道，"你们下午对决一下，各人说出自己所有的优点，我再考虑！"

"好！"鹿哥和狗先生齐声说道，"好！谁怕谁！"

下午，狗先生真搭建了擂台，吸引了好多人来。

"你听说了吗？……"

"哎，我跟你说，鹿哥情商可高呢！"

"是呀，但狗先生是全城首富！"

"爱情大比拼，正式开始！"

"我先来。"狗先生抢占先机，"我有钱，可以给猫小姐更好的生活。"

"我有心！我有一颗善心！有钱有什么用，爱情靠的是心，再说，我钱也不少！"鹿哥不甘示弱，"我在郊区有一栋房子，三层呢！我可以在郊区和猫小姐度假。"

"我也有诚意，你们看，我工作再忙，也会抽时间陪猫小姐。"

"你看，你看，你都承认自己工作不稳定，工作很忙，没法陪伴猫小姐，不像我，朝九晚五，工作稳定。"

"我还会做饭！"鹿哥又补充了一句。

"我有机器人，根本不需要动手做饭……"狗先生财大气粗地说。

"停！"猫小姐脸涨得通红，"我想好了，对不起，狗先生，你还是太忙了。比起钱，我更加需要陪伴！"

最终，猫小姐嫁给了鹿哥，两人过上了幸福、美满的生活。

除了改正错别字，基本都是引用了原文。

美哉此文！第一，美在语言。

全文语言幽默风趣，优美生动，好语如珠。语言描写、动作描写相互配合，相得益彰。

对话描写细致入微，妙趣横生。同时，提示语、语气词、标点符号、分段等写作技巧，都运用得恰到好处。

第二，美在写法。

写法之美，一是用对话讲故事。这种写法的好处是真实感、现场感强，让人有身临其境的感觉。

二是制造矛盾。故事怎样才好看？文章怎样才能吸引读者？制造矛盾冲突是常用的艺术技巧。本文主要体现在爱情障碍的构思设计上。狗先生和鹿哥都爱猫小姐，都在拼命追求着。这就有戏了，精彩了，有悬念了，有看头了。

三是丰富又美好的想象。全文用想象法构思故事。一旦想象真正打开，我们便文思泉涌，妙笔生花了。在局部的描写中，想象的运用也自然流畅，回味无穷。比如，玫瑰花能发出彩色的光芒，会唱歌，还能喷出许多好吃的糖果。了不起的精彩想象，真让人拍案叫好！

第三，美在内容。这主要体现在人物形象美这点上。一句"爱情靠的是心"，一句"比起钱，我更加需要陪伴"，成了全文的"文眼"。刚读完四年级的孩子，有如此思想和价值观念，使我喜出望外！

爱文学，爱写作，爱生活，练就快速构思、一气呵成的写作本领。"老高私塾"的每一堂课，都在践行着我们的教学主张。大名詹欣玥的双双公主，能在70多分钟时间内，写出如此美文；其他小伙伴也都才思敏捷，落笔成章。分享美文，我们都有节日般的喜悦。

语文是快乐的分享。每一堂课，都是快乐的节日！

（2022年8月8日）

美文，美在哪里

从今天开始，老高私塾"公主班"读《德国，一群老鼠的童话》。这是一部世界性的经典好书。精读，品读，鉴赏性阅读，重点一是制造矛盾冲突，二是用对话讲故事。节选有关章节阅读欣赏以后，今天的作文题是"小狗和手机的对话"。写作训练重点和阅读关注点相同。要求 700 字以上。

最快的同学 45 分钟交卷。双双最后一个交，用时整一小时。

双双继前天以后，又一次给我惊喜——好文，美文。不是作文，而是作品。敬请用心品读原文。

小狗和手机的对话

苏州市平江实验学校　四（7）班　詹欣玥

"你为什么抢我风头？"小狗不满地说。

"没有呀！"手机回答道。

"你别装了！"小狗皱起了眉头，"那为什么在我和主人玩得正欢快的时候，你突然丁零零、丁零零地响，让主人都没有心思陪我玩了！"

"我只是在做我的本职工作——来电话时响铃提醒主人呀！"

"就算是这样，那你也不能在我趴在主人身上时，突然来个微信红包吧！害得主人一把把我放在地上！"小狗大叫道。

"这也怪不了我，红包是别人发的，我只是用高科技接收这些红包，然后叮咚一下，提醒主人而已。"手机解释道。

"那你不能不接收吗？"小狗气得脸上冒烟。

"当然不行！再说，主人抢红包还不是为了养你，一共才抢了 10 元钱的红包！"

"那说得好像养你不需要花钱呢！电费、流量、VIP 会员……这不都要钱吗？"

"你……你这简直是争宠！"小狗脸都发紫了。

"好吧！我就是在争宠！"手机毫不示弱。

"你……个无赖！"小狗咆哮道，"真不知道主人为什么喜欢你！"

"因为我智能，可以打电话、抢红包、发红包、拍照片、看电视剧、看动画片、买门票、点外卖……人类算十年才能算出结果的算式，我几秒就能算出来……"手机喋喋不休。

"但再怎么样，你也只是冷冰冰的机器，没有生命。"小狗对准了手机的弱点，"不像我，我是活生生的生物，我可以用一生来陪伴主人，陪主人玩耍，让主人不孤独。但你不能，你不能……"

"我们为什么不能和谐友好一些呢？"手机突然问。

"这……"小狗不知该如何回答。

"我有一个办法……"手机咬着小狗的耳朵，如此这般地说了一通悄悄话。

"好！"小狗笑了。

这天，手机推出了宠物软件，教主人如何陪小狗玩耍。主人可以一边看着手机，一边陪小狗玩，既不冷落手机，也不会忽略小狗。

美文，不可多得的美文！

一美在矛盾冲突。让小狗和手机争宠，看谁能赢得主人的喜欢，这是矛盾的焦点。作者思路清楚，把这个争宠斗争的过程分成了三个回合：一是手机响铃，使主人丢下小狗去接听电话；二是手机微信发红包，让狗狗遭受冷落；三是本领大比拼。手机洋洋得意地全面介绍自己的功能，以为胜券在握，谁知让机灵聪明的小狗用一句话克敌制胜——"但再怎么样，你也只是冷冰冰的机器，没有生命……我可以用一生来陪伴主人。"

真厉害！我们为小狗鼓掌喝彩！真厉害，小作者（作者外孙女）有如此社会经验和认知能力，真让外公欣慰和赞叹！

还有十分精彩的结尾。手机推出宠物软件，主人能边看手机边和小狗玩耍，矛盾得到圆满解决。这种大团圆式的故事结局，符合大多数中国人的审美心理。如此巧妙构思，出乎意料，却又在情理事理之中，了不起，小才女！

二美用对话讲故事，对话中推动情节发展，刻画人物形象。

"你为什么抢我风头？"小狗不满地说。落笔便是对话讲故事。

矛盾由小狗挑起，手机也不甘示弱。作为比较强势的一方，小狗的个性被刻画得特别鲜明生动。我们把对话中有关小狗的提示语挑出来欣赏——

小狗皱起了眉头，小狗大叫道，小狗气得脸上冒烟，小狗脸都发紫了，小狗咆哮道，小狗对准了手机的弱点，小狗不知该如何回答，小狗笑了……

随着情节发展，一个有个性、有追求、热爱生活、勇于挑战的艺术形象跃然纸上。

还有很可喜的一点，就是快速构思，一气呵成。用一小时完成800余字的佳作，这等文思敏捷，立扫千言，对于一个10岁的孩子来说，实属难能可贵。真有七步之才，前景乐观。

"老高私塾·读而写"课堂，每次都是读写打通，先读后写。而且，一定是当场写作，当场交卷。每一次都是考试，每一次都是比赛。平时当作考试，考试就如平时。中考、高考的作文应该就能胜券在握了。

古代科举考试，一篇作文定终生，确实有其合理和可借鉴之处。因为文字表达、知识面、想象力、情感价值取向等往往能看出一个人的综合素质和能力。

中小学时代，有这样的读写经历，将来无论做什么工作，无论走到哪里，都能活得精彩，写得出彩。

双双和各位小伙伴，为你们的美文点赞，为你们的人生祝福！

（2022 年 8 月 10 日）

狐　仙

从前，在大山深处格格村的山洞里，住着一群狐狸。这可不是普通的狐狸，它们都是成了精的狐狸。但是，在村里人看来，这些狐狸都很傻，因为它们只要发现有人光着身子躺在地上，就会脱下自己的皮披在人的身上。这皮可是宝物，只要披在身上，再冷的冬天也不会冷，再热的夏天也不会热。因此，这样的狐狸皮价值连城。

不过，这些成了精的狐狸，每年只有在腊月三十早上才出洞一次。于是，村里人家轮流在除夕早上去山洞口，脱光衣服，躺在地上装死，便能得到一张狐狸皮。第一年去的是村长，第二年去的是李石匠……他们拿到狐狸皮，都赶忙在城里买房居住，过上了快乐的生活。

一年又一年，现在，格格村里只剩下小瓦最后一家没搬走了。

小瓦爸爸被山上的滚石砸中，成了植物人，一直没有醒来。家里等着拿到狐狸皮换钱给他看病。

终于，轮到小瓦家了。出门时，妈妈反复叮嘱小瓦，一拿到狐狸皮，你就马上回来，我们立刻去城里。

小瓦会顺利地拿到狐狸皮吗？小瓦会和所有乡邻一样，拿到就回家吗？当然不会。否则，没有变化，没有意外，故事还有什么看头？

因为好奇，小瓦在拿到狐狸皮之后，进入了山洞。他是第一个进入狐狸洞的人。他看到，在山洞里的桌子上，一只只没有了皮的狐狸成了一座座冰雕。心脏还在跳动的狐狸，眼睛都睁得很大，似乎在期盼着什么。洞里已经没有一只活着的狐狸了。这一幕，深深地刺痛了小瓦的心。

因为同情，小瓦不忍心看着脱皮给他的那只小狐狸死去，便把狐狸皮又穿在了小狐狸身上。

小狐狸立刻复活了。它不仅喊出了小瓦的名字，知道他家中所有的情况，还了解村里的每一户人家。小狐狸复活了。山洞里所有的狐狸都复活了。然而，两手空空的小瓦该怎么办？

这时，又是续写和编故事的最佳时机。想象丰富的男孩女孩们都知道，小狐狸一定会帮助小瓦，一定会成全他们一家。不用我多说，成了精的狐狸，无所不能，他们一定会成人之美！

四五年级的孩子，早就读过《狐狸和乌鸦》，他们的头脑里，狐狸是一个狡猾的坏东西。而且，狐狸很聪明，还有智慧。六年级的课文《金色的脚印》把这一点演绎到了极致。

不过，在人类生活中，狐狸的形象一直不好。因此，提起狐狸，许多人都有点儿害怕。在作家笔下，狐狸也往往是令人厌恶的家伙。特别是修炼成了精的狐狸，都成了害人的妖怪。《西游记》里，狐狸精总和孙悟空作对。《封神演义》里，狐狸精就是一个十足的坏女人。

古希腊人写的《伊索寓言·狐狸和乌鸦》，让狐狸丑化了几千年。因为《伊索寓言》的影响太大了，《龟兔赛跑》《狼来了》《乌鸦喝水》都是永远植入了人类记忆的动物形象。

然而，说狐狸就是一个反面形象，是一个天大的误会。其实，从中国的远古时代开始，狐狸和龙、凤、麒麟一样，一直是祥瑞喜庆的代名词。狐狸早期的地位甚至高于龙凤等动物。

你知道吗，传说中赫赫有名的大禹，妻子就是一位狐仙。他们的儿子启，是夏朝的开创者。

狐仙？对的，是狐仙而不是狐狸精！同样是成了精的狐狸，狐狸精很坏很坏，而狐仙则是特别受人欢迎的有着无穷法术的仙女。

我突然想听听陈瑞唱的《白狐》。缠绵哀怨，如泣如诉，感动到让人流泪。这是一曲狐仙的赞歌。

知道了吧，沈习武写的《骗狐狸皮的孩子》中，山洞里住着的正是一群可爱的狐仙。他们不傻，他们很真诚善良。为了挽救爷爷的生命，他们情愿被骗，情愿牺牲。

知道了吧，读文学，读童话，可以感悟人生。文学往往传递生命中最宝贵的东西，比如善良和爱心。

读完《骗狐狸皮的孩子》，一次次，一遍遍地阅读这样的经典作品，我和孩子们一样，每一次都会受到深深地感染，甚至受到强烈的心灵的震撼。

文学，多么美好的文学！

（2022 年 7 月 20 日）

乌鸦是孩子们的好朋友

　　天下乌鸦一般黑、乌鸦嘴、乌鸦反哺、乌鸦报喜……凡是读过一点儿书的人，对这些关于乌鸦的词语都耳熟能详。四年级的小公主（外孙女）没有见过乌鸦，但语文课上读过《狐狸和乌鸦》，课外读到一些乌鸦的故事，对以上词语也比较熟悉。我又适当作了补充。如羊有跪乳之恩，鸦有反哺之义，狗有救主之心，乌鸟私情等，都是比喻或鼓励子女要有奉养父母的孝心。在这些语言环境里，乌鸦成了道德楷模。但把乌鸦作为正面形象，而且故事写得如此精彩，孩子一定是第一次阅读欣赏。

　　孩子原本熟悉乌鸦，读完经典中的经典《人鸦》，乌鸦一定会成为孩子的好朋友。

　　动物故事，要写得好看，离不开一个共同的秘诀——既要写出人物的动物本性，又要写出他们身上富有魅力的人性。这是我们读写作品一个十分重要的知识点。

　　是的，和这些成语熟语表达的一样，天生有灵性的乌鸦，具有动物本性和人的特征这两重属性。不过，在奥地利女作家维克笔下，《人鸦》中人物的这种双重性，写得格外精灵古怪，栩栩如生。乌鸦会成为孩子心中一个神秘的客人和朋友。

小男孩瑞夏德变成了一只乌鸦，开始了他的新生活。

他的家在树上，在树洞，在山洞，在大的建筑物里。

瑞夏德可不是一个人独处，他生活在一个庞大的群体里。这里俨然是一个小社会。有大头领罗高，有忠心耿耿的保安拉尔夫、鲁迪。每到一个地方休息过夜，都有哨鸦站岗。每到一个地方觅食，大头领罗高一定先侦探一番，看有没有人类对它们构成威胁。

瑞夏德和伙伴们不仅吃谷物、浆果、昆虫，还喜欢吃腐烂的肉和鸟类的蛋。

咕咕，咕咕——他们的叫声有点儿难听，声音有点儿嘶哑，但他们表现出来的智力和社会性，让人惊喜。

瞧，那儿好像是一块刚撒过种子的田地！乌鸦们在寻找着早餐。突然，飞在最前面的一只乌鸦发出了尖利的警报，田里有一个人！正在大家惊慌失措之时，瑞夏德一眼识破真相，那是一个稻草人。于是——

鸦群刷啦一声飞了过来，纷纷散落在田地里，包括瑞夏德在内，个个都吃得饱饱的。然而他并不像其他乌鸦那样称心如意，他心里想着油炸土豆条和意大利面，想着炒栗子和巧克力布丁，还有苹果饼和果味冰激凌。越是想得真切，就越是要不停地咽口水。

写的是乌鸦，但又分明是在写一个思乡心切的游子。故乡，家人，亲情，特别能拨动孩子温柔的心弦。

大头领罗高对瑞夏德说："我们当中，有的站岗放哨，有的寻找食物，有的能识风向，有的善观星象，你会什么呢？"瑞夏德想了想回答："我唯一擅长的就是讲故事。"

"故事不能当饭吃！"圈子外有一只乌鸦呱呱地叫。

"不听故事我们不也一直活得好好的？"有谁在嘟嘟囔囔。

"不需要，不需要——"四周一片叫嚷声。

罗高张开了双翅，大伙立即鸦雀无声。"我们来商讨一下。"他说道。

看看，看看，是在写乌鸦，又像是在写人。动作有乌鸦的特征，语言有人类的思想和趣味，就是容易被忽略的提示语，也处处显示出这双重个性。

瑞夏德成了乌鸦王国的故事大王，受到格外的尊敬。这样的故事，这样的文学形象，也许会永远激励孩子的成长。

在中国的成人世界里，乌鸦有缺点，有污点，有不讨人喜欢的地方。但是在作家笔下，在西方国家，乌鸦往往是善良可爱的好伙伴。

卡夫卡，是寒鸦的意思，但被一位世界级大作家用作了笔名。英国王室视乌鸦为宝贝。因为英国有民间传说，如果伦敦塔里的所有乌鸦都离开的话，伦敦塔会坍塌，国家会遭殃。为尊重这个传说，英国政府一直承担经费，在塔内饲养着大量乌鸦。

读动物题材的小说童话，抓住主人公身上的动物性和人性这两重性，不仅能提高孩子的阅读能力和写作能力，同时，也能更好地培养孩子美好的人性和善良的情感。

《我变成了一只乌鸦》《乌鸦运动会》《瑞夏德回家了》，三次阅读，三篇作文。快速构思，一气呵成。小公主写作热情空前。外公啧啧赞美。

外公更愿意相信，小公主的心里，会永远住着一个可亲可爱的乌鸦瑞夏德。

（2022 年 7 月 13 日）

抗疫和科幻作文

抗疫。科幻。作品。

如此疫情，千古不遇。以抗疫为题材的写作比赛，也是不可多得，别开生面。

二年级的比赛作文为《我想有这样两种口罩》。

我发明的"电动口罩"，可以传送新鲜空气，可以调节温度高低。我发明的"今天的味道"口罩，上面布满智能传感器，可以读懂主人当天的心情，并传送森林的气息、阳光的味道以及桔子香味、野花香味等，帮助主人调节心情。

这是苏州科技城外国语学校二（9）班王洛蓝小朋友的杰作。

我设计的这款口罩，带有消毒灭菌阀。五米以内的空气中，如有不明病毒出现，它就会发出叮叮叮的蜂鸣声，并进行快速消毒灭菌处理。我发明的第二种口罩，带有红外感应，能根据空气质量等级的不同，变换不同的颜色，从而实施空气监测功能。

这是工业园区新城花园小学二（2）班曾诗雨的作品。

三四年级的比赛作文为《新冠病毒，我要对你说几句话》，五六年级以及初中的是《病毒流浪记》。状元奖、特等奖、一等奖，苏州少年，文采风流，握瑜怀玉，美文佳作，蔚为大观。好作品有一个共同的特点——想象大胆奇特，构思自出心裁，语言美如珠玉。

大赛由苏州市作家协会少年文学院、苏州伦华教育联合主办。今天上午，在苏州科技城外国语学校举行了隆重的颁奖活动。

蒙组委会厚爱，本人担任大赛评委会主席，在颁奖典礼上作了15分钟的主题演讲。主要内容如下——

今天，我们欢聚在苏州科技城外国语学校，我们都是文学的、母语的、文字的、写作的爱好者。什么是作文？作文就是说话，作文就是故事，作文就是想象。人类社会的发展，科学技术的进步，最大的原动力便是想象。比尔·盖茨他们全部的财富，都源于非凡的想象力。手机、手机短信、微信、飞机、高铁、超级高铁、太空技术、太空旅行、脑机对接……甚至人类也能冬眠。高科技时代，呼唤新一代中国人想象力指数的提高。想象力比知识更重要。作文的进步提高，也是由想象力推动的。请大家相信，中高考改革，方向一定是考核考查好奇心和想象创造能力。科幻作文大赛的意义，就在于它是一种启发和推动。

作文是什么？作文是阅读下的蛋。相信获奖小作者一定是阅读的爱好者。如果你认真读过台湾作家林世仁的《怪博士与妙博士》《不可思议先生故事集》等科幻童话，写这样的比赛作品，就能得心应手。

我介绍这样一首好诗：有一天／春运一定会退出历史舞台／怀揣着梦想的人们不再熙熙攘攘／南来北往打的、等公交、挤地铁、追火车、赶飞机／足不出户／按一个目的地号码／秒秒钟就能把自己分解成原子分子／像发传真一样／通过光纤把你送达目的地／而且毫发不变／瞬间站在千里之外恋人的身旁／万里之外的景区观景台／早上还在地球工作／晚上就可以到月球／与桂花树下的玉兔一起玩耍／有一天／你可以选择你的年龄和性别……有一天／你可以选择自己的容貌……想象需要大胆奇特，也需要绵柔、美好、温暖。写作正是最好的想象创造性学习活动。

颁奖典礼由苏州市作家协会少年文学院常务院长冯斌主持。苏州科技城外国语学校总校长曹伦华，苏州资深语文名师、笔名"一壶岁月"的散文作家张伟，著名苏州青年作家朱墨，苏州科技城外国语学校总校副校长叶巍，苏州科技城外国语学校小学部校长王海燕等出席并为小选手颁奖。

午餐时，曹校长深情讲述他的传奇身世，让在座者无不动容感怀。我说，作为外地来苏州的英语特级教师，能把苏州外国语学校办得声名鹊起，已是功名赫赫。如今又在地方政府支持下，从平地上成功创办苏州科技城外国语学校和外国语高级中学，目前在校学生已近四千人。如此成功的教育家，成功的故事要从他的儿时讲起。童年的苦难和非凡的经历，正是他人生成功的动力和密码。我建议，应该有人为曹校长写传记，用文学的形式写学校的创业故事，为师生提供最亲切的励志读本。其意义非同寻常，因为——文学是美和善的源头。文学，也是想象和创造的源头！

（2022 年 7 月 5 日）

中考高分作文在哪里

今天，苏州中考作文题闪亮登场：学问藏在_____里？要求把题目补充完整，写一篇 600 字的文章。

多年不见的好题——有文化含量，有想象发挥空间，难易程度适中。审题落笔不难，要写得出彩也需相当功力。

中考好作文的学问在哪里？在自己的学习和生活里，在日常的积累和思考里。可以选择的内容题材很多。

学问藏在苏州园林里。园林游记从小写得较多，只要描写生动细致，再把课文里叶圣陶的《苏州园林》中的精髓拿出来用上一些，不愁没有高分。

学问藏在名人故居里。写一处或几处名人故居，不难。难在你从名人身上学到或悟出了什么，有点见解新意，就是佳作。

学问藏在地名里。这个选材有新意，能让阅卷老师的眼睛马上发亮。苏州城里文化含量高的地名太多了，张家港考生如熟悉鹿苑、黄泗浦、马嘶桥、香山、河阳山、永庆寺、常阴沙……一篇文化美文就能一气呵成。

学问藏在 24 节气里。这个题材新颖，但有难度，关键是平时有没有积累。举几个节气，写出其中的农时、气候、物候等特征，落笔便是美文。

学问藏在交通工具里。对交通工具感兴趣的同学大有用武之地。从步行、马车、骑马，写到汽车、火车、飞机、高铁、超级高铁，甚至火箭上天。人类一直向往着让自己飞起来，多好的内容！学问在哪里，这是点睛之笔。告诉你一种答案——学问就在人类的想象力里。

学问藏在名人故事里。学问藏在理化生实验里。学问藏在美食里。学问藏在游戏里。学问藏在运动里。

学问藏在苏州方言里。学问藏在沙上方言里。多有生活气息，多接地气，多么生动。老师一看题目，就知道你是写作高手。下面，我稍微展开点提供些素材。

苏州方言不仅声韵优美，而且表达十分丰富。多，杭尽杭事；少，一塌刮子；圆，滴留滚圆；方，滴角四方；呆，木知木角；闹，作天作地；乱，一天世界；好，花好稻好；笑，迷花眼笑；想，心窝念念。

简单的一个"脚"字，在苏州话里用得让人叫绝——

赤脚，脚踏车，脚桶，一脚去，滑脚，三脚猫，蹩脚，草脚，脚脚头，露马脚，毛手毛脚，碍手碍脚，动手动脚，摊手摊脚，束手束脚，扎一脚，插一脚，做手脚，落脚货，毛脚女婿。

琳琅满目，美不胜收。当然，有些地方要做些说明，否则外地人看不懂。

苏州民间的歇后语，诙谐幽默，具有浓郁的生活气息，而且富有智慧，能在令人会心一笑之余，更深切地领会吴地文化的乡土特色。

老太婆吃海蜇——嘴上闹忙；六月里穿棉鞋——热脚（日子）难过；六月里厢的日头——慢娘（后娘）的拳头；慢娘的拳头——早晚一顿；老虫（老鼠）钻在风厢里——两头受气；乌龟掼石板——硬碰硬；飞机浪（上）钓大闸蟹——悬空八只脚；六月里孵小鸡——坏蛋；鸭吃砻糠——空欢喜。

怎么样？虽然有些乡气，甚至土得掉渣，但如同去太湖边吃农家菜，貌似俗气，实有雅致，而且通俗易懂，幽默可爱，令人回味。阅卷人看到这样鲜活生动的好文章，一高兴，会给你打高分甚至满分。

中考现场，短短一小时，能写出有文采、有内涵的高分作文，确实难能可贵。

作文是什么？作文就是生活，就是故事。高分作文的秘诀在哪里？全在平时的热爱阅读和热爱生活里！

（写在 2022 年 6 月 17 日——江苏中考第一天）

一篇作文定终生

2022 年全国统一高考今天如期拉开帷幕。江苏考生用新高考一卷，作文题如下。

"本手、妙手、俗手"是围棋的三个术语。本手是指合乎棋理的正规下法，妙手是指出人意料的精妙下法，俗手是指貌似合理而从全局看通常会受损的下法。对于初学者而言，应该从本手开始，本手的功夫扎实了，棋力才会提高。一些初学者热衷于追求妙手，而忽视更为常用的本手。本手是基础，妙手是创造。一般来说，对本手理解深刻，才可能出现妙手。否则，难免下出俗手，水平也不易提高。

以上材料对我们颇具启示意义。请结合材料写一篇文章，体现你的感悟与思考……不少于 800 字。

材料作文，最大的好处是不容易猜题压题。

难度中等，审题立论不难，但要写得出彩很不容易。

材料的文眼是"本手是基础，妙手是创造"，等于告诉你论点了。因此，从基础、基本功和突破创新的关系落笔，以文化课学习或某种技能手艺为例，重点阐述基础的重要，突出立足基础，追求创造这样的主题，文章就不会差到哪里去。

如果拓宽一些，可以再谈国家社会的发展。可以说，教育是基础，是本手。重视基础教育，提高公民素养，这个国家和民族才能有创造创新，才会实现全面发展的妙手境界。这样的文章能拿高分。

关键是现场作文，时间太过紧张。一般考生都只能用50~60分钟，写出800字以上的美文，这种一气呵成、倚马可待的要求，实在是为难绝大部分学子。

语文高考问题很大，必须下猛药治理。

问题在哪里？问题出在语文地位低，作文的地位远远没有到位。高考各科总分750分，语文才150分。语文中作文才60分。放在750分的总分里，作文占比少得可怜！

中小学语文教学，不重视阅读和写作，拼命刷题考试，练武不练功，主要是语文高考这根指挥棒指歪了的结果。

语文高考如何考？我以为，关键是要恢复"一篇作文定终生"的民族好传统。

用一篇作文衡量一个人的文字能力、思想情感和综合素养，堪称中国人对人类的第五大发明。因此，我呼吁，如果高考各科总分是100分，语文至少要占40~50分。如果语文单科是100分，作文至少占80分左右。让学生在两三个小时之内，写3000字左右的大文章。古代科举考试，一篇文章，从凌晨写到下午，其无穷奥妙，理应为今天的我们学习借鉴。

其实，科举考试只考一门语文，只考作文，是真正的"一篇作文定终生"。新时代的高考，除语文外，还有数理化政史地等学科，"一篇作文定终生"只是相对而言的一种倡导。在所有高考学科中大幅度提高语文的地位，而语文高考必须以作文为主，我这样主张，本质是重视母语和人文教育，重视语文能力，鼓励创造创新。从能力角度看问题，语文教学的终结目标是培养表达能力——说话是口头表达，作文是书面表达。这是造福一生的生活能力、竞争能力、发展和创造能力。现在的语文高考，以语文基础知识和阅读理解能力为主，根本方向偏了，并导致中小学语文教学误入歧途。

我主张语文高考以作文为主，最大的好处是导向好，即有利于中小学生的积极主动阅读和多读多写。因为大家都知道读写之间的一个简单道理——作文是阅读下的蛋！而且，作文占80%的同时，还有20%的空间，只考平时的阅读情况。题量要很大，题目要很简单。只要你平时真正有海量的经典阅读，这20分就能拿高分甚至满分。

千万不要因为作文评分难度大就因噎废食。作文评分难是事实，但事在人为，只要增加人力投入，认真组织，精心批阅，这个难题也不难破解。退一万步说，即使作文优劣的评判会有争议，很难标准化操作，难免有失公允，也比目前这种题目支离破碎、导向极为恶劣的命题要好几百几千倍！中小学语文教育的河清海晏，那是一种怎样的美好愿景啊！

（2022 年 6 月 7 日）

笔可生花

小说，"小说"，就是从小处说说。精彩的细节魅力无限。

对话是人物性格的声音。成功的作品，往往离不开对话描写的成功。

比喻、比拟、排比、夸张、幽默、讽刺、委婉、真实……掌握运用好这些语言艺术，你就能妙笔生花。

小说，小说，就是从小处说说

苏州已故著名作家陆文夫说："小说，小说，就是从小处说说。"我以为，这小处说说就是细节描写。

看过京剧《秦香莲》的人，都知道有个秦香莲闯关的细节，这个细节让人回味无穷。

秦香莲带着一儿一女到京城寻夫，从店主的口中得知自己的丈夫做了别人的驸马，于是急匆匆去找那负心的陈世美。然而，驸马府岂是你随便能进的？陈世美的门官拦着不让进，秦香莲说明了情况，这下门官为难了。如果放秦香莲进去，自己这个门官就是失职，肯定要受到陈世美的惩罚；如果不让秦香莲进去，自己就不近人情，良心要受到谴责。就在他左右为难之际，突然计上心来。于是他让秦香莲扯下半块罗裙，假装自己拦了，这样秦香莲闯关成功。

秦香莲突然出现在陈世美面前，陈世美大吃一惊，他万万没想到秦香莲突然会闯入府中，这时门官拿着半块罗裙慌乱地来到陈世美面前，陈世美一下子明白了，斥责门官"无用的东西，还不滚下去"了事。

这个细节在这出大戏中的戏份很小，却令人回味。门官是机智的，他用智慧帮助了秦香莲，为人们留下了一段佳话。

袖珍小说《一美元的约定》成功运用一个细节进行构思，将故事情节串连起来，读来感人肺腑。

吉姆在一个风景区工作，每天去上班时，邻居老杰克都会递来一张 5 美元的钞票，请他从景区的咖啡店买一包 4 美元的咖啡，这个习惯已保持了好几年。

时间久了，卖咖啡的女主人对吉姆就熟悉了，总会准备好咖啡和 1 美元的零钞。

一次，吉姆急着去朋友家聚会，就从别的店买了咖啡。不料，杰克都没开包，就说，这不是他想要的咖啡。

过了几年，老杰克的身体大不如前了。但他每天还是会委托吉姆买咖啡。每次把 5 美元交给吉姆时，他的神情都充满了期待。一天，在吉姆又一次买回咖啡时，躺在病床上的老杰克虚弱地伸出手，轻轻摩挲着那张 1 美元，对吉姆说："这么久了，难道你真不知道，我为什么总买那家店的咖啡吗？"吉姆看着老邻居，摇摇头。

"因为卖给你咖啡的是艾莉娜呀！"老杰克的语气突然温柔了许多……"她是我最深爱的人。当年，她父母嫌我是个穷光蛋，硬是把我们拆散了，我也只能伤心地离开了她……"

"当年，我们恋爱时，没办法经常见面，就偷偷订了一个暗号，将 1 美元的零钞折叠成三角形，装到信封里，让邮递员送给对方代表平安。所以，我每次请你买咖啡，总是把钱折叠成三角形，而艾莉娜让你带回来的零钞也是叠成三角形的。这样，我们虽然不曾见面却每天都能得到对方平安的消息，仿佛又回到了当年的时光……"

"现在，我就要去见上帝了。我床下面有个箱子，里面全是折叠好的零钞，请你继续帮我买咖啡，拜托了……"老杰克断断续续地说完，就闭上了眼睛。

多么重情重义的老杰克！这样的嘱托安排出人意料又符合情理，令人大为感动。

还有必要写下去吗？

有！原文的结尾是这样的——

在老杰克的葬礼上，吉姆默默地搬出另一个箱子，里面全是包装好的咖啡，还有很多折叠成三角形的零钞。原来，早在半年前，艾莉娜就因病去世了。在离开这个世界前，她最后做的事情，就是将这些咖啡和零钞交给吉姆，请吉姆代替自己，向杰克传递平安的消息……

读完全文，你一定会深深赞叹，啊，原来如此！老杰克是可敬可爱的，艾莉娜也是那样地令人肃然起敬。两位主人公重情重义，几十年不即不离，君子之风，山高水长。

从讲故事的方式上，这种出乎意料，又在想象情理之中的结局，叫"情节翻转"。这是本文的一大特色。用对话讲故事，用对话推动情节发展，也是这篇小说的一大亮点。然而，给人印象最为深刻的艺术手法也许还是细节描写。在对话过程中，细节描写，特别是折叠成三角形的 1 美元这一核心细节，成了支撑这个美好纯情故事的主要骨架，使本文成为经典佳作，令人一读再读，爱不释手。

当代著名作家冯骥才的短篇《高女人和她的矮丈夫》，写了一个很朴实的爱情故事。高女人去世了，矮丈夫好像并不是特别伤心。但有一个小细节很感人，下雨的时候，他总下意识地把伞举得很高，远远超过他的身高……

再看余华小说《活着》中的一个细节。为了让儿子能够读书，女儿凤霞被送给了别人。一次，凤霞溜回来住了一夜。第二天，父亲送女儿回去。凤霞乖巧听话，一路上不哭不闹，回到那个人家。近了，路灯下，父女即将分别。这时，"（我）伸手去摸她的脸，她也伸过手来摸我的脸。她的手在我脸上一摸，我再也不愿意送她回那户人家去了，背起凤霞就往回走"。

这两个细节魅力无限，都是点到每一个读者情感的穴位了。

假如有这样一个故事情节——

男孩、女孩去公园玩，他们躺在草地上，旁边没有树，也没有建筑物，很晒。女孩说着说着犯困了，眯着眼睛睡着了。男孩就拿起一本杂志，给女孩挡阳光。10 分钟、20 分钟、30 分钟，男孩举累了。终于，男孩从脸部的细微表情中知道女孩马上要醒了。

这时，男孩可以有两种选择：一是继续遮着，直到女孩醒来，对他会心一笑；二是赶紧收回自己的手，装作什么都没发生。

如果让你写下去，你会选择哪一种呢？——无论选择哪一种，都会尽情彰显细节的魅力！

（2022 年 1 月 28 日）

对话是人物性格的声音

对话是小说的第一要素，因为对话是人物性格的声音。抓住了人物对话描写的学习鉴赏，就是抓住了解读作品的牛鼻子。精彩的小说往往有精彩的人物对话。成功的作品，往往离不开语言描写的成功。

请认真阅读微型小说《多余的一句话》节选，领会对话描写的作用和奥妙。

公交车上，一个年轻人靠在售票员旁边，手拿着一张地图在认真研究着，眼中不时露出茫然的神情，估计是有点儿迷路了。

他犹豫了半天，很不好意思地问售票员："去颐和园应该在哪儿下车啊？"

售票员是个短头发的小姑娘，正剔着指甲缝呢。她抬头看了一眼外地小伙子说："你坐错方向了，应该到对面往回坐。"要说这些话也没什么错了，大不了小伙子下一站下车到马路对面坐回去吧。

但是售票员可没说完，她说了那多余的最后一句话："傻不拉几地，拿着地图都看不明白，还看个什么劲儿啊！"售票员姑娘眼皮都不抬。

外地小伙可是个有涵养的人，他嘿嘿笑了一笑，把地图收起来，准备下一站下车换车去。

旁边有个大爷可听不下去了，他对外地小伙说："你不用往回坐，再往前坐四站换 904 也能到。"要是他说到这儿也就完了，那还真不错，既帮助了别人，也挽回了北京人的形象。可大爷哪儿能就这么打住呢，他一定要把那多余的最后一句话说完："现在的年轻人哪，没一个有教养的。"

……

小说以"我"的所见所闻作为线索，以外地年轻小伙子的问话为开端，以售票员、大爷、时髦小姐、中年大姐的多余的一句话将故事推向高潮。语言描写即每人的多余的一句话是小说的亮点和线索。一个比一个说得难听刺耳，车厢里闹成一锅粥，最后竟然人人拳脚相加，场面不可收拾。

多余的一句话，不仅推动了情节的发展，更刻画了一个个鲜活的人物形象。

对话，通常也称语言描写，是塑造人物形象的重要手段。写作实践中，运用这种艺术技巧的常见方法如下。

对话要符合人物身份

海真大啊！这是一个孩子初见大海脱口而出的一句话，真切自然，符合天真、幼稚、好奇又不太懂事的孩子身份。

"过了二十年又是一个好汉""多乎者，不多也""我真笨，我真傻，我只知道野兽在雪天里……"鲁迅笔下的人物，往往一句话就是一个性格标签，给人留下特别深刻的印象。

请读《城南旧事》中对话描写的经典片段。

春天弟弟出麻疹闹得很凶，他紧闭着嘴不肯喝那芦根汤，我们围着鼻子眼睛起满了红疹的弟弟。妈说："好，不吃药，就叫你奶妈回去！回去吧！宋妈！把衣服、玩意儿，都送给你们小栓子、小丫头子去！"

宋妈假装一边往外走一边说："走喽！回家喽！回家找俺们小栓子、小丫头子去哟！"

"我喝！我喝！不要走！"弟弟可怜兮兮地张开手，要过妈妈手里的那碗芦根汤，一口气喝下了大半碗。宋妈心疼得什么似的，立刻搂抱起弟弟，把头靠着弟弟滚烫的烂花脸儿说："不走！我不会走！我还是要俺们弟弟，不要小栓子，不要小丫头子！"跟着，她的眼圈可红了，弟弟在她的拍哄中渐渐睡着了。

读这样的对话，仿佛看到人物从纸面上走到了我们眼前。宋妈慈祥善良、值得同情、让人心酸的形象栩栩如生。

适当地让人物讲些方言

用对话塑造人物形象的第二个方法是适当地让人物讲些方言。
还是欣赏《城南旧事》的经典段落。

妈妈还说不好北京话，她正在告诉宋妈，今天买什么菜。妈不会说"买一斤猪肉，不要太肥"。她说："买一斤租漏，不要太回。"
宋妈是顺义县的人，她也说不好北京话。她说成"惠难馆"，妈说成"灰娃馆"，爸说成"飞安馆"。我随着胡同里的孩子说"惠安馆"。到底哪一个对，我不知道。

土话方言，使人物形象显得特别真实有趣。需要注意的是，文章中方言引用不能太多，而且要让读者根据语言环境能够理解含义，能够会心一笑。
寻开心，是上海方言。戏弄他人，让大家和自己开心快乐，这叫寻开心。"小鬼头，大人说你矮日本，是寻寻开心的，你放心，会长高的！"
恰到好处地用些方言口语，读来别具一番韵味。
另外，熟语、谚语、歇后语、新词语、顺口溜等用得好，也能使对话描写更有可读性和感染力。

适当使用骂人的"脏话"

用对话写出人物个性的方法之三，是适当使用骂人的"脏话"。
在我的学生笔下，这样的"脏话"特别出彩。

同学作业拖拉，张老师严厉地说："你在造航空母舰啊！"

"这道题你拿什么做的？拿脚趾做的吧？我真是连骂都不想骂你了！留着让你的初中老师骂去吧！"

"你看什么看？我脸上有字啊？"

"看看你这次考试，这是人考出来的吗？你怎么连小刚都考不过？"妈妈眼睛喷火似地骂着。我说："我要是超过了小刚，我还不成神了？"只听到妈妈大吼一声："你还一直顶嘴，真是烂泥扶不上墙！"

老师恨铁不成钢而口不择言，妈妈望子成龙便言为心声。如此语言尽管有失风雅，但个性鲜明，活色生香，让人拍案叫绝。

怎样才是精彩的对话描写？我的回答是，该雅要雅，当俗则俗。一切服从人物性格和形象刻画的需要。

符合身份，用些"脏话"，使用方言，这是从构思和内容角度介绍对话描写的艺术要求。从语言和写作方面看，成功的对话描写一定有如下方法和技巧。

口语，群众语言，短句，句式变化，比喻，夸张，比拟，排比，对比，语气词，注重标点符号的修辞作用，尽量分段，注意提示语的推敲，描写和记叙的结合，主要人物和次要人物的关联……人物性格可以千差万别，但写作技巧总归相似。多读经典佳作，你也能笔底生花。

最后，再讲讲怎样才能提炼出个性鲜明的人物语言。我以为，特别重要的是学会观察生活。

生活是写作的源头活水。生活中有取之不尽的珍贵的语言矿藏，往往让你惊喜连连。

我的小外孙女今年读一年级。小宝贝机灵、活泼、可爱，口才超好。兹摘录几段彰显她个性的"名言"和大家分享。

"外婆，这只大闸蟹，我一看就知道是母的。""哦，你怎么看出来的呢？""因为她有长长的睫毛，很爱美啊！"

外公接小宝放学。出校门，进超市。买雪糕，牛奶，巧克力。外公一一递她心愿。于是，她一边吃，一边说："今天我真开心，和外公在一起，我好有面子哦，说什么都没人讽刺我……今天我大获全胜！"这番话引得售货员小姐姐也笑了起来。

明天学校将组织她们打新冠疫苗。下午放学回家的路上，小宝特别开心和兴奋。因为明天下午妈妈会到学校陪她和姐姐去打针，她难得有机会和姐姐在学校一起待两个小时。我们聊着聊着，她突然满怀憧憬地问外公："外公，我怎样才能一下子就到明天下午呢？"

天真幼稚，傻得可爱。近两年，我写的和两个外孙女对话的随笔，几次在苏州、南京的报刊发表，真要感谢两个小宝贝给我带来的写作的灵感。当然，也让我更加相信这样一句话——人用于说话的语言，就是一把了解他性格的钥匙。

（2022 年 2 月 7 日凌晨）

比喻，汉语的祖传秘籍

从《诗经》《楚辞》到唐诗宋词，从"庸俗的姑娘像鲜花"这样的比喻句到如今"铿锵玫瑰""乒乓女皇"等时尚语言，有汉语的地方就有比喻的身影。

感谢老祖宗，给我们留下了比喻这种经久传世的语言秘籍。

新版部编初中语文课本上，开辟现代汉语知识系列讲座，打头的便是比喻。可惜三四百字的短文，太过简单，难以说清、道明。

比喻重要，无比重要。从诗词曲赋，到小说童话散文剧本，所有的写作，都会请比喻出手相助。

比喻好学，因为精美的比喻性语言，往往是生活的土壤里绽放的鲜花，随处可见。说一个人瘦得像猴子，像竹竿，像丝瓜。说一个人做危险的事是走钢丝。比喻丑恶害人的东西人人痛恨，叫老鼠过街，人人喊打……太多太多了，汉语离开了比喻，简直就是鱼儿离开了水。

比喻一般都是修饰句子，使语言更形象生动。在比喻句的家族里，最常见和活跃的，都带有像、如、仿佛等联结词语。

五月的雨滴，像熟透的葡萄，一颗，一颗，落进大地的怀里。

小船驶起来像织布穿梭，缝衣绣针一般快。

吹黑管的摇头晃脑，仿佛津津有味地啃一根甘蔗。

炊烟像根根紫藤，袅袅地爬出竹林。

红叶像团熊熊的火，在枝干上升腾、闪烁。

酒席间的笑话，就如生鱼片，没有当场吃就不可口。

此刻烦躁的心情，就像用十除以三得出的结果一样，无穷无尽。

恋爱摇头晃脑地扎进你的怀里，像猫咪一样温暖。

他两腮像充了气的球，圆滚滚的身子只要往下一坐，就像扎紧口的一塑料袋水放在地上，软囊囊的一摊。

萧伯纳形容当时西方世界法律的虚伪，说它像蛛网一样，小虫给它粘住了，飞鸟却一穿而过。

找找看，上面这些美妙的比喻句，本体和喻体各是什么，又是用什么词语联结的。

精彩的比喻，仿佛童话里的魔法棒，碰到哪里，哪里就一下子清晰明亮了起来。

有一类比喻句用"是"字联结，让人一下子难以分辨其庐山真面目。

婚姻是一座城，城外的人想进去，城里的人想出来。

母亲的脸，是圆圆满满的满月，不阴不缺在任何的夜里，是我们唯一的仰望。

权力是一把双刃剑……

还有的比喻句不用连接词。

这一带的土壤好极了，你种下一根车杠试试，过上一年的话，就能长出马车来。

这些脸色通红的妇人和老太太们，健康得几乎冒出热气来。

一个好的比喻，你看上一次，有时也许能记住一辈子。朱自清的散文《春》《荷塘月色》，高尔基的散文诗《海燕》，郭沫若的剧本《屈原》……语文教材中的一些传统名篇，都会告诉你，精彩的比喻如何使文章变得色彩斑斓，物象生动，妙趣横生，甚至字字诛玉的。

汉语博大精深，但离开了比喻，汉语也许就是一摊浅水。因为比喻不仅用来造句，还能用于组词。在现代汉语的密林里，用比喻法生成的词语比比皆是，而且还特别生动活泼，招人喜欢。

獐头鼠目，贼眉鼠眼，玉树临风，立地金刚，剑胆琴心，芝兰玉树，金声玉振，拈花惹草……写男性的相貌和品性。

蛾眉皓齿，出水芙蓉，亭亭玉立，蕙心兰质，蒲柳之姿，艳如桃李，柔枝嫩叶，女中尧舜，月里嫦娥……比喻女生的容貌和品德。

鱼水和谐，鸾凤和鸣，连枝比翼，似水如鱼……月缺难圆，离鸾别凤，断鸿孤雁，分钗断带……这两组词语都是比喻男女间婚姻聚散状况的，你知道有何不同吗？

在汉语运用的所有武功秘籍里，比喻应该是第一利器。博喻，就是把许多相关的比喻句排列在一起，也会让你叹为观止。

若然你有高官做，主考大人瞎眼睛。若然你有高官做，满天月亮一颗星。若然你有高官做，倒转泰山种红菱。若然你有高官做，废水锅里结冷冰。若然你有高官做，风吹宝塔满地滚。若然你有高官做，井底青蛙跳上天。若然你有高官做，晒干鲤鱼跳龙门。若然你有高官做，黄狗长角变麒麟。若然你有高官做，老鼠身上能骑人。若然你有高官做，重投胞胎再做人。

这是锡剧《珍珠塔》的唱段。

我好比笼中鸟有翅难展，我好比虎离山受了孤单，我好比南来雁失群飞散，我好比浅水龙困在沙滩。

这是京剧《四郎探母》的唱词。

你看，比喻中满满都是生活的芬芳！

（2022 年 2 月 8 日）

比拟，成就文采风流

我愿意是急流，山里的小河，在崎岖的路上、岩石上经过……只要我的爱人，是一条小鱼，在我的浪花中，快乐地游来游去。

我愿意是荒林……只要我的爱人，是一只小鸟，在我的稠密的树枝间做窠，鸣叫。

我愿意是废墟……只要我的爱人，是青春的常春藤，沿着我荒凉的额，亲密地攀援上升。

裴多菲的这首诗为什么脍炙人口，很关键的是拟人和比喻手法的运用。

比拟是一种修辞，一种语言加工的方法。部编版七年级上册语文教材上，有一则300多字的知识短文介绍了比拟。把物当作人，把人当作物，或把甲物当作乙物，都是一种别致的语言艺术。

那是个寒冷寂静的下午，鼹鼠悄悄地溜出了暖融融的客厅，来到外面。到处都是光秃秃的，矮树林，小山谷，乱石坑，还有各种隐蔽的地方，都无可奈何地显出了真面目，似乎在乞求他暂时忘记它们的破落贫瘠，直到来年再一次戴上它们花里胡哨的假面具，狂歌乱舞，用老一套的手法作弄他，瞒哄他。

这是世界名著《柳林风声》中的一段景物描写，语言优美。特别是拟人手法，让文字有了生命的活力。短短100多字，连用6次比拟。无可奈何、乞求、戴上面具、狂歌乱舞、作弄、瞒哄，原本都是用来形容人的，在这里用来描写景物，赋予景物人的动作和情感。

冬天，喜欢工作，可他样样做得不好。他当过理发师，却把小树剃成了光头。他当过染布工，却把大地染得一片雪白。

雪花是冬天的宝宝。雪花在空中玩耍，我们在雪地上玩耍。雪花，也喜欢和我们一起玩。

冬天，是个调皮的孩子，他把一切都暂停了。他让小鸟的歌声暂停，小鸟不唱了。他让小溪的流水暂停，小溪不笑了。冬天，我们可以打雪仗，堆雪人，多么希望，这美好的时光可以暂停。

读着这样美好的诗句，我们真想返老还童，永远陶醉在冬天的怀抱里。把事物写成人，无疑会增添事物人一般的灵性，使事物形象鲜活。

"大山临盆，最后生下一只耗子。"王小波用这句话讽刺虚张声势、徒有虚名的人，令人喷饭。"紫罗兰把它的香气留在了那踩扁了它的脚踝上，这就是宽恕。"这是马克·吐温笔下的拟人，体现他一贯诙谐不凡的文笔。

"当真理正在穿鞋的时候，谎言就能走遍世界。"通过拟人后的速度对比，表现出幽默风趣的味道，我们的眼前仿佛立马浮现出真理慢吞吞塌拉着鞋子，而谎言一路飞奔的滑稽景象，凸显谎言扩散的迅疾和不可控制。如此比拟，实现了出人意料的表达效果。

拟人，把事物当人写，比较常见。拟物，把人写成事物或把甲物写成乙物，虽然少见一些，但往往出奇制胜，令人叫绝。上述裴多菲的诗歌就是明证。

王安忆在小说里写道："会客室里没有一个人是我面熟的，我只能呆呆地站在那里等人认领。"巧妙的拟物，横生意趣，整个句子一下子敞亮了起来。

以物写人，物化其某一特点，看似对人不敬，但往往能在一定的语言环境中形成一种意料之外的呆萌效果。

我们一起煮月亮。

那时我们有梦，关于文学，关于爱情，关于穿越世界的旅行。如今我们深夜饮酒，杯子碰到一起，都是梦破碎的声音。

公理值几块钱一斤？

这种以此物写彼物的修辞也比较多见。

不管哪一种比拟，精彩的语言之花总开放在生活的原野。只要我们拥有对生活的情有独钟和细心观察，就一定能写出令人惊艳的比拟好句，从而使文章活色生香，让人爱读并难以忘怀。

（2022 年 2 月 10 日上午）

排比，令文章秀色可餐

  排比是把结构相同或相似、意思密切相关、语气一致的词语或句子成串排列，用以加强语势，增强表达效果的一种修辞方法。一般来说，构成排比的词语或句子要有三个或三个以上。运用排比，行文有节奏感，朗朗上口，文气沛然。用排比说理，可收到条理分明、气势磅礴的效果；用排比抒情，显得节奏和谐，感情洋溢，酣畅淋漓；用排比叙事写景，能使层次清楚，描写细腻，形象生动。

  如果你想向朋友描述你喜欢的女孩，并令她感到生动而印象深刻，你该怎么说？或许最直接有效的方式，便是运用排比句：

  她有椰子汁一般白嫩的肌肤，黑葡萄一般透明的眼眸，水蜜桃一般的腮颊，橘子瓣一般饱满的双唇，石榴籽一般晶莹的牙齿，笑起来甜甜的……

  将结构、语气相关或相近的词组、句子、段落，三次以上重复使用的修辞方式就是排比。写作时遇到需要重点强调的段落，随手甩出一段漂亮的排比句，立刻能让文章增色，字句生香。对经典排比句加以背诵，需要时信手拈来几句，朱唇点绛、蛾眉浅画，能令文章秀色撩人。

燕子去了，有再来的时候；杨柳枯了，有再青的时候；桃花谢了，有再开的时候。

——朱自清《匆匆》

春天像刚落地的娃娃，从头到脚都是新的，他生长着。

春天像小姑娘，花枝招展的，笑着，走着。

春天像健壮的青年，有铁一般的胳膊和腰脚，他领着我们上前去。

——朱自清《春》

这样好的文字，通过相似句式、语气的排布，画面感十足，让人在阅读时浮想联翩。

作家冯唐说，有一次喝醉了，脑壳里沸腾杂乱，如同重庆火锅，他抓起笔，在纸上胡乱地写了几笔，第二天酒醒后发现，竟然是一首排比句式的三行情诗：

春水初生／春林初盛／春风十里，不如你。

从"春水初生"到"春林初盛"，作家为我们提供了一个按照时间轴排布的观察视角：春天到来，首先大地回暖，河流才能解冻流淌；接着，林中的草木渐渐茂盛起来；而"春风十里，不如你"的尾句，一下将文字的意境拔高，让人间芳菲草木、山川河流与作者思念的人关联起来，以万物有灵且美衬托心上人的美好，夸得不露痕迹又出人意表。再看全诗意象的选用，似乎又是作者在隐隐地思忆着心上人的面容：春水仿佛是她多情的眼眸，春林是她长发飘飘和摇曳生姿的身姿，而十里春风正是她无与伦比的和雅神韵。

那么，怎样才能写出好的排比句呢？

首先，用变换角度、转移距离、动静结合的方式构架你的排比句，可以提高行文表意的效率，烘托整体氛围。

不必说碧绿的菜畦，光滑的石井栏，高大的皂荚树，紫红的桑葚；也不必说鸣蝉在树叶里长吟，肥胖的黄蜂伏在菜花上，轻捷的叫天子，忽然从草间直窜向云霄里去了。

——鲁迅《从百草园到三味书屋》

这段排比句，以最精简的形容词展现色彩或形态，行文简洁，传达的意味却颇为丰富。默默诵念，我们仿佛在鲁迅先生的亲手指引下，移动目光，逐次观察，由远及近，由静至动地感受着百草园的灵秀之美。

用事物的意象来布置句子的韵律与韵味，是用好排比修辞的另一重要原则。意象是什么？意象是人们的情感活动创造出来的一种艺术形象。比如，雪花是圣洁、清凉的，太阳是光明、炽热的。

我生平只看过一回满月。但我也安慰自己说，我行过许多地方的桥，看过许多次数的云，喝过许多种类的酒，却只爱过一个正当最好年龄的人，我应该为自己感到庆幸。

——沈从文《湘行散记》

沈从文先生这段满含深情的文字，其实并没什么华丽的辞藻，但写得轻盈利落，颇有韵律之美，仿佛一帧一帧的画面在我们眼前晃动，以"只爱过一个正当最好年龄的人"定格，衍生出幽思绵延的韵味。

这韵味究竟是如何产生的？我觉得很大程度上是"桥、云、酒"的意象排布，桥的意象是牢固沉重的，而云是灵动飘逸的，酒是芳香浓郁、况味无穷的。这样的排布，由实到虚，笔触越来越轻灵，越来越隽永，极好地为尾句的升华做了铺垫，读来诗意盎然。

想来中国文字真是神奇，有时行文，不必多加形容修饰，只消将一些潜在情感倾向的词汇展开排比，就能美化语感、激发诗意。

枯藤老树昏鸦，小桥流水人家，古道西风瘦马。夕阳西下，断肠人在天涯。

——马致远《天净沙·秋思》

马致远的这首小令不是形式上的排比，而是韵律上的排比修辞。全篇运用白描手法，在意象绵连中展开视角，渲染情思。"小桥、流水、人家、古道、西风、瘦马、夕阳"层层铺垫，当这些词汇从四面八方汇聚到你眼前，形成强烈的情绪冲击，以"断肠人在天涯"结句，游子异乡漂泊的羁旅之思便扑面袭来了。

好的排比句就像一套技艺精湛的美妆术，可瞬间令你的文章光彩照人，顾盼神飞。在需要细节描写，极致渲染和情感喷薄而出时，请一定不要忘记它。

（2022年2月13日）

夸张好语似珠来

李白为什么被称为诗仙？夸张帮了他大忙。

"白发三千丈""黄河之水天上来""燕山雪花大如席""蜀道之难，难于上青天""会须一饮三百杯""愁来饮酒二千石""白浪如山那可渡""涛似连山喷雪来""危楼高百尺，手可摘星辰""惊波一起三山动""举手可近月""一风三日吹倒山"……

真正的如椽大笔。不过，要是离开了夸张，可能就什么都不是了。

夸张是一种重要的修辞手法。部编版八年级语文课本上册，汉语知识短文，给夸张下的定语是，对人或事做扩大、缩小或超前的描述，以强调或突出某一方面特点。

夸张的第一个本领是组词造句。

岳飞的《满江红》，是千古名篇，一开头就是夸张——怒发冲冠。因为愤怒，头发根根挺立，把帽子都顶了起来。我们明明知道这是不可能的事，但因为感情表达淋漓尽致，赢得大家千百年为之鼓掌喝彩。

惊天动地，气吞山河，壮气吞牛，千钧一发，坐拥百城，蟾宫折桂，胸有丘壑……在汉语世界里，这种带有夸张手法的词语太多太多了。

把人与事物故意往大、多、长、快、强，或小、少、低、弱、浅等方面说；

对原有描述对象的形象、特征、作用、程度等，进行合乎情理的扩大或缩小；从而突出表现效果，让人惊奇、惊叹不已。夸张就是如此这般制造艺术语言的。

文人爱玩夸张，群众也往往都是高手。

肚子里一点儿油水也没有，馋的，连跑过去的猪都想啃一口。

李拐子这个人，盐水泡鹅卵石也能下酒。哪一顿桌上没酒，眼睛就鼓起来了。

生怕这气大了，吹倒了姓林的；气暖了，吹化了姓薛的。

他的心眼比针鼻儿还小。

如果说谎的人鼻子真会长长，他的鼻子可以绕金鸡湖一圈了。

夸张好语似珠来。夸张不仅可以修饰语言，创造美词好句，还可以用来构思故事，刻画人物形象，是一种特别管用的写作艺术技巧。

在卡夫卡的小说《变形记》里，主人公一觉醒来，竟然变成了一只大甲壳虫。这种荒诞的变形，可以看作夸张的极致。但正是这种荒诞，将尖锐的社会矛盾凸现在了读者面前。《西游记》中的孙悟空，以及神话传说中的许多人物，都是想象夸张的产物。

这里，我们再以经典童话《好心眼儿巨人》为例，作些具体分析。

好心眼儿是一个体型庞大的巨人。但是，如何把这个庞大写得具体、生动、精彩，实在是一门技术。

他的耳朵真大，每一只耳朵有车轮那么大。他的牙齿四四方方，在他的嘴巴里，像一大片一大片的白面包。他的胳膊和树干一样粗。他说话的声音是轰隆轰隆响……好心眼儿巨人在听到索菲的身世之后掉下的同情的眼泪，可以装满一只水桶，从他的一边脸颊，哗啦一声落在地板上。

用夸张手法介绍主人公庞大的身体形象，语言生动有趣，引起读者无限想象。

当女孩索菲第一次看见这样可怕的巨人时，内心十分恐惧、害怕。那么，索菲到底惧怕到什么程度，这也是很难清晰地展现出来的。怎么办？不急，作者依然使用了夸张这个神奇利器。

当索菲躲在毯子底下，偷偷朝外看巨人的时候，她的血第二次冻成了冰。

太夸张，也太精彩了！面对巨人，索菲内心是崩溃般的紧张、恐惧，连血液都好像无法流动了。一般人写不出这样的神句。当然，没有伟大的夸张，就没有这种伟大的句子。

不仅有扩大夸张，也有缩小式夸张。

为了表现索菲在巨人面前的渺小，好心眼儿巨人告诉她，外面的巨人吃她，就像吃一颗糖果；用手夹起她，她就只能像水管里的一滴水那样咕嘟嘟落下去。这种描写，突出了索菲的渺小和无助。

夸张，神奇的夸张。表现力、幽默感、趣味性，以及栩栩如生的人物形象，都因为夸张而实现。

如同语言魔方，夸张能使文章光彩夺目。

（2022 年 2 月 12 日）

幽默，让你笔可生花

往事如风。我长在农村，儿时的许多往事都已忘记，唯独生产队长老陆始终忘却不了。因为老陆十分幽默风趣，常常逗人开心。记得在我七八岁时，老陆常常会摸我的肚皮，还煞有介事地边摸边说："哦——这里是青菜，这里是山芋。这里……这里还有一块肉！"我呢，也傻乎乎地将信将疑。如今，老陆已是90岁的老头。然而这个像老房子一样的老人，依然是乡里乡亲的开心果。

幽默是一种语言艺术。幽默的人受人欢迎，幽默的文章讨人喜欢。

央视主持人朱广权现在人气很旺。他的主持风格往往幽默生动，令人难忘。一次，网友问他一个问题："电视台放假吗？"朱广权回答说："地球不爆炸，我们不放假。宇宙不重启，我们不休息。风里，雨里，节日里，我们都在这里等着你。没有四季，只有两季——你看，就是旺季；你换台，就是淡季。"

幽默风趣，给人欢乐，往往需要和夸张手法结合起来。朱广权把这种技巧运用得炉火纯青。

用夸张实现滑稽、可笑、有趣，这是最常见的一种幽默类型。

"我见过秦始皇，我见过唐三藏。我要承包太平洋，当我家的养鱼场。我曾跑到太阳上，支起架子烤全羊。我曾去月亮，嫦娥教我打麻将。不是跟你吹，我家的鸡有三条腿，还会给我端水杯。我家的狗到南非，他跟狮子去约会。我家的金鱼不喝水，我家的驴子跳芭蕾……"这样的歌词，穿越古今时空，想象无边无际，似乎有点儿过头，但幽默喜剧效果值得欣赏。

群众嘴上的幽默，雅俗共赏，老少皆宜，是人们日常生活的调味品。优雅和高品质的生活离不开幽默的身影。这种情况下，幽默就是陶碧华的老干妈，幽默就是王守义的十三香。

"帽子歪着戴，老婆找得快。老师一回头，吓死河边一头牛。老师二回头，乔丹改打乒乓球。老师三回头，大庆油田不出油。"如此作文语言，哪个老师不击节赞叹！

我让学生在作文中比赛，看谁最能吹牛，最会制造幽默。我特别推荐这样一段习作：

三个好友各自吹嘘自己认为最有面子的事情。甲率先自吹说："我觉得我经历的最有面子的事情，是普京总统邀请我单独去他总统府进行会谈。"乙听了笑笑说："我上次到白宫与克林顿单独会谈，电话铃声响了，但总统根本不理会那个电话。"丙嘴角一扬说："我和英国女王单独会餐，电话铃声响了，女王接听后连忙递到我面前说，'找您的！'"

夸张幽默出"笑果"，真让人忍俊不禁！

幽默是汉语百花园中的一朵奇葩。自我调侃，是制造幽默的又一种手法。

拿自己寻开心，自己和自己开玩笑，让别人一笑开颜，为人为文，自有一番文采风流让人爱。

《红楼梦》里有这样一个场景。刘姥姥二进大观园时，在一个饭局上，她知道凤姐和鸳鸯会拿自己开涮，便不等别人开口，自己先正儿八经地表演起来，高声说："老刘老刘，食量大如牛，吃个老母猪，不抬头。"说完，还鼓起腮帮子，两眼直视，一声不语。一下子逗得贾府的媳妇、千金们笑得千媚百态。

善意地嘲笑他人，主动地丑化贬损自己，都是幽默。我的学生也一展身手。"莎士比亚说，哇，你的作文集真是太好看了！莫泊桑高兴地对我说，如果你是世界上写作水平排名第二的话，就没人敢称第一了！"尽管有点儿搞笑，有几分调侃，但激动喜悦和自信骄傲也溢于言表。

　　一个敢于拿自己开涮的人，看似愚蠢，实则聪明。而且，这种聪明还往往是大聪明、大智慧。写作中能这样表现人物，其栩栩如生的形象一定跃然纸上。

（2021 年 5 月 11 日）

讽刺，语言中的玫瑰花

十字路口，滴滴打车。我要往南，车子从北边过来，可以不转弯直接到我身边。我招手向司机示意，但司机按导航拐了弯。上车后，我略带责备地说："我拼命挥手让你不要拐弯，你可能没看见吧？"谁知年轻的司机脱口说道："路不是我自己家的，不能想怎么开就怎么开啊！"

我马上为自己说话的不得体而内疚，同时也暗暗替他能说出如此精彩的讽刺话语喝彩！

讽刺，语言中的玫瑰花。

讽刺是一种语言艺术。文学，特别是小说，往往以精彩深刻的讽刺赢得读者青睐。学校里，老师讲解课文，要学生理解主题思想和写作特色，往往提到讽刺这种艺术手法。《儒林外史》《聊斋志异》《官场现形记》《伊索寓言》，安徒生、莫泊桑、契诃夫、欧·亨利、马克·吐温、普希金、鲁迅……这些名著、名家都是运用讽刺的典范。

杂文、相声、小品，这几种文艺作品的生命力就是讽刺。没有了讽刺，它们就会变得索然寡味。《超生游击队》《打扑克》等经典小品至今令人难以忘怀。

讽刺的基本功能就是揭露和批判。在讽刺面前，行事的乖张、人性的丑陋、生活的丑恶、社会的黑暗，往往暴露无遗。而善良的人们，也会因此或会心一笑，或拍案叫绝。

讽刺是语言艺术，也是生活的智慧和武器。有生活的地方就有讽刺，讽刺的高手往往在民间。

你磨磨蹭蹭的，写作业怎么这么慢呢，你在造航空母舰啊？！

看看你这次考试，这是人考出来的吗？！看看，这道题你是拿什么做的，拿脚趾做的吧？我真是连骂都不想骂你了……

这是教师和家长的讽刺挖苦，足够精彩。如此对待孩子，该也不该，我也难说。

抬头！挺胸！后面那几个，晃什么晃！站定了！当我看不见啊？你们把自己当什么了，夕阳红老年歌舞团啊？要动打报告！

这是军训教官的讽刺。真佩服这位兵哥哥，说话这么有水平！

狼来了，狼来了，喊了千百年，连三岁小孩子都不相信了。但是，说老师来了，老师来了，喊了一千一万遍，我们还是很害怕。这说明什么？这说明，这个世界上，有一种动物比狼更可怕，这就是老师！

这是学生的讽刺。该与不该，让人啼笑皆非吧？

以上都是"老高私塾"学生作文中的摘录，真实生动，很接地气。亲爱的同学，请你也写出一些讽刺的话，五句以上。生活中的，作品里的，都可以。如何？

（2021 年 11 月 25 日）

语言的教养

口才是人的第一能力，谈吐是人的第二外貌。下面这个故事很能说明这个问题。

一位非洲黑人出租车司机，载了一对白人母子。七八岁的儿子问妈妈："为什么司机叔叔的肤色和我们不同？"妈妈告诉他："上天怕世界上只有一种肤色太单调，所以创造了很多颜色的人，让世界五彩缤纷，让大家都能相亲相爱。不同，是为了相爱。"

下车时，司机不肯收钱。他说："小时候，我也问过母亲同样的问题。我母亲说，孩子，我们是黑人，天生注定比别人低了一等。如果我母亲当年也能像你一样回答我，我一定会更有出息！"

一位难能可贵的好母亲。好马好在腿，好人好在嘴。不会烧香得罪神，不会说话得罪人。这位妈妈的好，首先表现在她的一张好嘴上。当然，我们相信，她的美言，一定源于她的心灵之美。她通过语言表现出的教养，已经达到了相当高的思想人文境界。

什么是教养？教养就是让别人更舒服。

今天是姥姥和姥爷的结婚纪念日，一家人围在一起吃晚饭。姥姥乘兴问姥爷："你还记得咱俩头一次处对象看的是啥戏吗？"姥爷支吾半天，没答出来。

本来以为姥姥要挤对他老糊涂之类的，没想到姥姥娇嗔道："你当然不记得了，那天你光顾着看我了……"一家人都乐翻了。

高情商的姥姥，为我们提供了一个说话得体和拥有语言教养的楷模，一个教科书式的经典案例。

奥斯卡颁奖典礼上，一位获奖女演员上台领奖。一不小心，她被自己的长裙绊倒。面对全球直播的摄像机镜头，她不慌不忙地爬起来，很沉着淡定地说："为了走到今天这个位置，实现我的梦想，我这一路走得十分艰辛坎坷，付出了很多代价，包括有时候难免还会跌跌撞撞……"

她的话音刚落，全场爆发出热烈的掌声。

语言体现教养，语言表现修养，语言也实现了最佳的剧场效果。

说话的最高艺术，也许就是用别人喜欢的方式达到自己的目的。注意，前提是他人的喜欢。

和语言教养相反的，是语言的虚伪和欺骗。

诚实是美德的基石。无论说还是写，美言首先是真言。虚伪欺诈的话永远被人唾弃。

去年的一天下午，我接到一位年轻女士的电话："先生，我们有苏州北的别墅出售，只要一万多一平方米。"我好奇地问："苏州北？在苏州高铁站附近吗？"她略微迟疑后说："离得不远。"见她吞吞吐吐，语焉不详，我紧紧追问："苏州北到底是哪里，是在相城区吗？"知道我熟悉苏州，她只能马上说："在张家港。""啊？在张家港！在张家港市怎么扯得上苏州北呢？！在张家港的什么地方，哪个乡镇？""张家港保税区……"

会说话，首先是诚实有教养。不说谎话假话，应该是做人做事的底线。这名房产销售员的苏州北，也北得太荒唐离谱了一点。熟悉苏州的人都知道，张家港是在苏州之北，但两个市区相距60多公里。而张家港保税区又在张家港市区西北20多公里处。如此语言忽悠，实在让我为中国人语言道德的纯洁性担忧。

（2022 年 2 月 7 日）

有一种口才叫委婉

教授在上伦理课。他告诉学生如何提醒别人一些尴尬的事情："比如说，如果你看见一个女孩子屁股上有草屑，你应该委婉地说：姑娘，你的肩上有草屑。女孩往肩部看，自然会同时往下看的。"

这时，一个女学生举手站了起来，说："老师，你领带的拉链开了！"

这个女学生反应灵敏、活学活用，你读懂她说的意思了吗？

有一种口才叫委婉。

不直说，避免粗俗不雅，不使对方尴尬难堪，转一个弯，用文雅的语言，用迂回的办法，表达相同的意思，这种语言艺术叫委婉。

今天是 11 月 11 日。最近几年来，我们的汉语里多出了一个叫"双十一"的词语。广大普通百姓的日常生活中，也多了一个节日。不过，这个节日的主题很单一：购物。因此，说得明白一点，"双十一"就是购物节。

但奥妙就在这里，它不叫购物节而叫"双十一"。这是借助语言委婉艺术的商业促销手段，让广大消费者在过节的愉快体验中，自觉自愿地掏了腰包。

有时，委婉地表达，比直截了当地说话，效果要好得多。

听人说，在美国的电影院里，放映前会在屏幕上打出这样的文字："请您不要往电影里加入您的台词！"

说白了，这是提醒观众要关手机和不要讲话。人家如此客气委婉地提醒，既彰显了文明，又起到了更好的效果。

台湾地区的超市和博物馆等公共场所，往往有这样的标语：本馆（店）设有摄像监视，请您保持微笑！

和"禁止吸烟""偷一罚十""严禁喧哗"等硬邦邦的警示标语比，他们把委婉用到了绝妙，其语言文明水准可见一斑。

我去阿里山、日月潭等景观，固然让我流连忘返，但我还是觉得，那里最美的风景是人。十年过去了，但亲眼目睹的当地人的文明言行，让我一直觉得心里珍藏着一份柔软，美滋滋，暖洋洋的。比如一些常用词语，大陆和台湾有着明显的区分：

死亡——往生。下葬——上山。痴呆——失智。假肢——义肢。二手车——中古车。老年人——乐龄人士。盲人学校——启明学校。聋哑学校——启聪学校。班主任——班导师。

你读读看，后者是不是更加委婉、亲切、温暖一些呢？

中国自古就是礼仪之邦，这在语言运用——比如"死"的委婉表达上——就有很好的体现。从帝王、领袖到百姓或和尚的死，从高寿老人到青幼者的死，从正常死亡到意外死亡，从为国为民为正义的死到仇敌冤家的死，各种词语和语句的委婉表达，丰富多彩，令人叫绝。你能分别举出一些例词例句吗？

作为说话技巧和语言艺术，无论是寻常百姓还是文人学者，无论是茶余饭后，还是政治外交场合，这种委婉表达的经典案例数不胜数。

1971年7月，美国政治家基辛格秘密访华，为中美建交破冰探路。结束时，双方签订了《上海公报》。在大陆和台湾问题上，双方碰到了一个棘手的难题：怎么表述称呼？最后，经过反复推敲，使用了"台湾海峡两岸的同胞"这样亲切委婉的表达。从此，"两岸同胞"这个名词就在海峡两岸叫开叫响了。

生活处处有语文。语文学习的课堂不仅在学校，你走到哪里，哪里就是学校。没有一个地方，不是学语文的地方。没有一个时候，不是学语文的时候。

耳朵聋，说成耳朵背。怀孕，说成大肚子了，仍然不雅，再委婉些，说有喜了，快要做妈妈了，如何？

　　大家在一起吃饭。某人明明是出去上厕所，会说话的人会委婉地说"我出去一下"，或者说"我打个电话就来"。没有直白地告诉你到哪里去，可大家心照不宣，因为说的人怕直说不雅。

（2021 年 11 月 11 日）

思想是文章的穿珠红线

文章怎样才能感人？靠情感，靠思想！

一天早上，妙博士接到电话，说动物园里的动物罢工了，无论工作人员怎么做，那些动物就是不理人。妙博士立刻来到了动物园。他戴上语言翻译器问："怎么啦，你们生病了吗？"动物们生气极了，大声叫道："你才生病了呢！"原来，动物们觉得，他们做什么都要被人类看，而他们却看不到人类，这不公平。凭什么游客从来不跳舞、不洗澡、不尿尿给动物们看！

妙博士听了，觉得言之在理。妙博士很快为动物园发明了公平透视镜，别人看你做什么，你就能看到别人在做什么。动物们一听都高兴极了。于是，动物园四周就围起了透明玻璃。游客一来，动物们都纷纷抢着跑出来。小猴子看到了别人滑倒的样子，小鹿看到了小男生尿尿的样子……乐得这些动物们都哈哈大笑，动物园的生意变得更好了。妙博士这样的发明还有很多很多。

优秀的童话和小说，就是用最少的文字，惊人地表现最大量的思想和情感。作家林世仁的科幻童话《怪博士与妙博士》，在天马行空的想象背后，蕴含着许多生活的大道理。

选取动物园里的小动物做主人公，这种题材比较常见，但告诉我们的道理并不简单。不管是人与人，还是人与动物，都需要讲究公平和平等，否则生活就会失去平衡，产生矛盾。

请继续听精彩故事。

怪博士也很厉害。比如，他发明了神奇的橡皮擦，用它可以把身边不喜欢的东西擦除，可以把毒辣的太阳擦掉，可以把不愉快的记忆抹去。但他把神奇橡皮擦借给阿川试用几天，想不到阿川根本没有好好利用它做正事，而是专门用这个神奇的玩意儿来调皮捣蛋。于是，三天后，怪博士就收回并销毁了橡皮擦。怪博士感叹道，想不到神奇的东西这么厉害，才三天就让人变坏了。从此，怪博士知道，有了发明，生活便不一样，但只有善用发明，生活才会更加美好，如果不善用发明，这些发明就会给人类带来灾难。

小故事，大道理啊！

怪怪镇的怪博士，妙妙城的妙博士，谁更聪明呢？两地政府组织现场比赛评选。

广场搭起了舞台，镇长、市长、千万市民都来观摩。可是，天气突然阴沉沉的，好像要下雨了。镇长提议比赛延期。这时，妙博士笑嘻嘻地走过来，拿出了乌云除去机，喷几下，果然太阳露出了笑脸。正在万众欢呼妙博士万岁时，怪博士笑着说：一个太阳不好玩，再多来几个！于是，他单击手中的天气遥控器，天空立刻出现了九个太阳……

妙博士发明地球眼睛、温泉雨、海上汽车、心情修剪机、地震转换器……怪博士发明伸缩汽车、月亮眼睛、太阳外衣、万能黏土、心情交换贴……一个又一个回合，比赛实在难分胜负。最后，两位博士一致提议，把世界上最聪明的人的奖杯，改为两人都拿的友谊万岁纪念杯。

因为他们都明白，世界上有许多发明，有些改变了人，有些改变了世界；但是，只有欣赏别人，才是世界上最伟大的发明！

什么是作文？作文就是故事，作文就是创造。真正的写作，一定是思想找到了故事，故事找到了文字。请看我得意弟子们的杰作。

女孩救了蝴蝶。蝴蝶请求女孩帮助，让她变回了原本的自己——仙女。

仙女对女孩说："你可以许一个愿望，我能帮助你实现。"女孩说："我想永远快乐。"仙女便传授了她秘诀。从此，女孩变得特别开朗幽默。

本来不会讲笑话的她，今天却把全班都逗笑了。"一只小鸡问老鹅：主人去哪儿了？老鹅说主人去采蘑菇了。一听这话，小鸡撒腿就跑。你们猜小鸡为什么逃走？"全班同学都很疑惑。女孩说："因为小鸡怕主人回来做小鸡炖蘑菇啊！"

哈哈哈——大家都笑得停不下来。

从少年到青年，到中年，到老年，女孩一生特别快乐。

有人问："你是怎么变成这样的？"女孩把蝴蝶的秘诀告诉大家："只要每天都想一些开心事，坏心情马上就逃之夭夭了。"

思想是作文的穿珠红线。美好的思想情感的火花，一定能照亮读者的心扉。

一只矮小的羊，和一只高大的骆驼是好朋友。

有一天，他们讨论：是高的好，还是矮的好？

骆驼说："当然是高的好。你看，再高的树叶我也能够得着。"说完，他一抬头就吃了一口树叶。而羊呢，伸长了脖子，却怎么也吃不到一片叶子。

小羊不服气，走到公园的栅栏门口，一拱身就进去了。小羊一边吃着里面的青草，一边说："还是矮的好，你看，这里的草多嫩啊！"骆驼爬下身体，使劲往里钻，终究也不能进去吃草。

他们互不服气，一起找到老牛评理。老牛说："高有高的好处，矮有矮的方便，我们不能只看到自己的长处，看不到别人的优点啊！"

骆驼和小羊这才明白，尺有所短，寸有所长，发现别人的长处、优点，才能取长补短，做好事情，合作共赢。

文章如此立意，想不拿高分也难。作文之难，难在独到的思想和情感发现。一个人会不会作文，能不能写出好文章，主要不在于他对写作技巧和方法是否掌握，而是看他对人对事有没有自己特别的情感和想法。

"猪因为瘦而幸存，狗因为老而遭遗弃，小鸟因为唱不同的歌曲成为另类，孤单寂寞使他们走到了一起。然而，因为可怕的人类，最后破坏了他们的幸福生活。"一个小学生，能写出这样的句子，超凡的想象和思想，直让我击节赞叹！

一位得意门生在写周庄的文章里说："水和渔夫，才是周庄最美的风景。正因为渔夫的存在，才让周庄的水真正有了灵魂。渔夫身上，有一种亲近自然和生命本真的美的存在。"

这哪里是一位初三毕业生能说出来的话。这应该是一位诗人，或一个哲人才写得出的诗句啊！

（2022 年 2 月 15 日下午）

真实的力量

　　有一所小学举行作文竞赛活动，题目是"我的妈妈"。家长们都来了，坐在下面听孩子们朗读自己的作品。孩子们很可爱，也很努力。可惜那些作文千篇一律，都是歌功颂德。"我的妈妈最伟大了，她和蔼可亲，美丽动人，勤俭持家，相夫教子"等，全是大话、套话、空话、陈词滥调，家长们一个个昏昏欲睡。

　　这时，一个小女孩走上讲台，开口就说："我的妈妈是个傻瓜。"台下听众从迷糊中醒来，好奇地听她怎么讲下去。

　　我的妈妈是个傻瓜。有一次她煮牛奶，突然想起洗干净的衣服还没有晾，于是就去晾衣服了。走到院子里，又想起炉子上有牛奶，扔下衣服就跑回厨房。结果呢？衣服也脏了，牛奶也潽了。你们说，我的妈妈是不是傻瓜？

　　其实，我的爸爸也是傻瓜。有一天，他穿着西装，打着领带，拎着公文包，匆匆忙忙从卧室里冲出来，一边跑一边说："我要迟到了，我要迟到了！"妈妈在厨房里弄早饭，理都不理他。过了一会儿，爸爸又突然回来了，他不好意思地说："我忘了，今天是双休日……"你们说，我的爸爸是不是也是傻瓜？

　　这样的爸爸妈妈，当然也生不出聪明的孩子，所以我和弟弟也是傻瓜。可是，我真的好爱好爱我的爸爸、妈妈和弟弟。我长大了，也要嫁给爸爸那样的傻瓜男人，也生一个傻瓜姐姐和傻瓜弟弟，一家人开开心心地生活在一起。

小女孩念完作文，鞠了一躬。全场鸦雀无声。片刻之后，响起了雷鸣般的掌声。没有鼓掌的只有一个人，那就是小女孩的妈妈，她已经泪流满面、泣不成声。

这就是真实的力量。中国散文，最好的传统正是真情实感。

真实，真情，即使是虚构，也要符合艺术的真实。这很难吗？一点儿都不难。那为什么又往往做不到？因为我们习惯了唱高调。

中小学生写作文，往往追求所谓思想意义，如果还有华丽的辞藻，便会被视为好作文。其实生活中哪有那么多意义？小孩子又哪有那么多思想？就算有吧，也是朴实的。

请记住写作的一个秘诀：真实就是力量！

有一个秘诀，有时候，写人物的缺点，反而会使人物更真实具体，更亲切可爱。

小小说《黄墙上的黑涂鸦》就属于这种十分真实感人的美文佳作。

本文既写了一个有缺点的慈母，也写了一个始于仇恨终于感动的孝子。写人的文章，如何能让读者眼前一亮，让阅卷老师打上高分，关键是要抓住人物的多样性，从多角度，用发展变化的方式刻画人物形象。如果好就是一味的好，坏就是一味的坏，这样的文章容易失之于平铺直叙或平淡无奇。本文在构思上没有误入这种歧途，而是别开生面，引人入胜。先写母亲弃子的"寡情"和一嫁再嫁的"无耻"，最后通过黄土墙上的成长树，写母亲的细腻和慈爱，显得十分真实朴素和生动感人。同样，写文中的另一人物"我"，也是先写负面的仇恨情绪，然而展示可爱的赤子之心。在态度情感的变化中，人物的形象显得更加具体、饱满。

再讲一篇佳作。一个穷学生，吃不起5毛钱的面。出于自尊，他每天避开同学，买一碗3毛钱的清汤面充饥。但遇上了好心的老板，总悄悄地在碗底给他放一个荷包蛋，并托词是"赠品"以保护他的自尊。初中三年，一赠一受，几乎天天如此。日后，穷学生学业有成，事业发达，赚了大钱。他又回到当年读初中的小镇。他无意中得知，房东将收回房子，面店将关门歇业。他便买下了这幢房子，送给面店老板，也美其名曰为清汤面的"赠品"。细小寻常的吃面这种生活题材，表现了知恩图报、好人有好报这种永恒的伟大的主题，让读者感慨不已。在写作方法上，悬念法、变化法这两种结构艺术，以及生动细致的心理描写，很值得我们学习借鉴。但仔细品读文章，真正拨动我们心弦、打动我们情感的，还是艺术真实的力量！

（2022 年 2 月 6 日）

后 记

语文苏州

写下这个题目，我颇有几分激动。做了一辈子语文教师，又是苏州人，居然懵懂至今才把语文和苏州紧密联系在一起。

早该联系在一起了。如果要在全国的文化名城中选一个语文课代表，那一定非苏州莫属。

先说明一点，我以为，语文百分之七八十的要素应该是文学，语文应该以文学为主。所以，我们选举语文课代表，其实就是选举文学资源和文学实力最强的城市。

苏州当仁不让，当之无愧。

郑州可以竞争一下。因为《诗经》中的爱情故事主要发生在郑州附近的水网地区，而《诗经》是中国文学的源头，郑州人有点儿底气。但是，众所周知，郑州后来的文学发展差了苏州好几条街，和苏州不在一个档次上。

洛阳可以竞争一下。因为唐诗和洛阳的关系太紧密了。在洛阳写作的诗人多，写洛阳的作品多。在唐诗发展历史上，洛阳风头无两，称洛阳是诗城一点儿不夸张。但要论文学的品种之全、数量之多，和苏州比，洛阳还是小巫见大巫。

北京的现当代文学独领风骚。西安、扬州、杭州、南京、开封，在单项上也许强于苏州，但综合实力和苏州相去甚远。

苏州文学历史悠久。这应该从西晋陆机的《文赋》算起。陆机的爷爷陆逊是三国东吴后期的实际掌门人，主要身份是军事家，但这位军人的后代出了许多非常了不起的超级学霸和文学大家。陆机的弟弟陆云也是一代文豪。陆机的后人陆贽，超级学霸，是唐朝有名的宰相，名列中国十大贤相之榜。我的居住地苏州相城区陆慕镇，名字就是因陆贽而来。陆贽的后人陆器，是苏州历史上第一个状元。

白居易、韦应物、刘禹锡，三位天花板级的唐代大诗人，虽然都不是苏州人，但都在苏州做过市长，把他们算作苏州的文学资源，不算夸张吧？

唐代苏州小说家沈既济，进士出身，朝廷高官，代表作《枕中记》，成语黄粱美梦就是出典于此。马致远的元曲《黄粱梦》，汤显祖的杂剧《邯郸记》，都是从沈作家的这部传奇小说演绎而来。因为黄粱梦故事的发生地是河北邯郸，主人公是道士吕翁，所以今天邯郸市郊黄粱梦镇，有景观"吕翁祠"。里边的一副对联有点意思："睡到二三更时凡功名皆成梦幻，想到一百年后无少长俱是古人。"感谢邯郸对苏州人和苏州文学的永远纪念。

宋代苏州有两位超级文学大咖，一位是范仲淹，一位是范成大，这两个人历来在中小学语文教育中的地位举足轻重。不光是脍炙人口的《岳阳楼记》，一个范仲淹，就应该是一本语文必修课本。文字的、思想的、人格的，什么都包含在里边了。范成大的田园诗，几乎是中国诗歌史上的绝唱。部编版四年级下册《语文》，有他的《四时田园杂兴》。"梅子金黄杏子肥，麦花雪白菜花稀……"语言精炼，有画面感，美好的景象扑面而来。让孩子们带着课本，到苏州石湖景区读他的这些诗句，效果更好。全中国也只有苏州的学生有这种福分了。

明代苏州出了旷世文学天才冯梦龙。他的代表作《杜十娘怒沉百宝箱》，一直是当代中学语文教材的传统篇目。冯梦龙的巨著"三言"，写社会底层人的生活，让向来受歧视的小说文体在文学世界里登堂入室。这两点，放在世界文学历史上看，都具有划时代的开创意义。除小说创作之外，冯梦龙对戏曲、民歌、故事等通俗文学的创作、搜集、整理，为中国文学的发展作出了非常杰出的贡献。我在想，如果冯梦龙生活的时代有诺贝尔文学奖，他一定是获奖者。

明代苏州才子唐伯虎以书画闻名于世，但诗文也是一流的。他写有儿歌《画鸡》："头上红冠不用裁，满身雪白走将来。平生不敢轻言语，一叫千门万户开。"在呀呀诵读之间，全中国的孩子都知道苏州有个唐伯虎了。

明清苏州文学，在语文教坛最有影响的还数昆山三杰。归有光有"明文第一"的赞誉，他的《项脊轩志》确实也是古代散文中最讨人喜欢的。顾炎武著作等身，光一句"天下兴亡，匹夫有责"，和范仲淹的"先天下之忧而忧，后天下之乐而乐"一样，对华夏儿女的教育意义就抵得上千篇万章。

我一直以为，有范仲淹，有顾炎武，实在是我们苏州人的莫大荣幸；也让我们苏州语文教师有了一种特别的担当，因为只有好好传承他们的文字和精神，我们才无愧苏州语文教师这一骄傲的称号。

昆山三杰的另外一位就是《朱子家训》的作者朱柏庐。这本书600字不到，但精神价值无可估量，成了中国文化教育历史上一块永恒的丰碑。朱柏庐是昆山人，老家是苏州市区的，所以他身后归葬在苏州市郊的浒关阳抱山。这个信息我也是不久前才知道，日后有机会我一定会去瞻仰和鞠躬致敬。

翻阅苏州古代文学史，让我特别惊喜的还有，17世纪苏州小说家褚人获，他的代表作《隋唐演义》，拥有读者之众，社会影响之大，也许可以和四大名著中的任何一部媲美。

有清一代，顾炎武、钱谦益、吴伟业、俞樾、翁同龢、章太炎、曾朴等，都是苏州和中国文坛的一代风流。尽管他们的作品进入现在教材的不多，但作为语文教师，在我们的文化视野中，缺少了对他们的阅读了解，一定也是一种很大的遗憾。

进入现当代，苏州的文学发展空前繁荣。柳亚子、叶圣陶、周瘦鹃、陆文夫、范小青、苏童，都是星光闪耀的人物。特别是苏州的文曲星叶圣陶爷爷，在现代文学和教育历史上，举世无双。他的小说和童话，开一代风气之先，在现代新文学历史上占有极为重要的地位。早在20世纪30年代，他一个人主编一套开明版小学语文课本，是全国质量最好、使用最广泛的，以至于2010年新上市的影印本也被抢购一空。他和夏丏尊先生合作编写的作文辅导类图书《文心》，90多年前，在校中学生几乎人手一册。1949年以后，叶圣陶位居教育部副部长兼人民教育出版社社长，主管全国中小学包括语文在内的所有教材的编写和出版。可以这样说，在现当代语文教育历史上，中国，只有一个叶圣陶！

我说苏州是当代中国中小学语文课代表的不二人选，理由之一，便是上文所说苏州文学历史悠久，语文资源特别丰富。理由之二是，进入今天全国统编语文教材的作家作品，数量之多，品种之全，苏州首屈一指。这只要看看叶圣陶爷爷就知道了。

我初步统计了一下，叶圣陶的作品，收入今天部编版小学到高中语文教材的篇目大致如下。

一年级上册，儿歌《小小的船》。"弯弯的月儿小小的船，小小的船儿两头尖。我在小小的船里坐，只看见闪闪的星星蓝蓝的天。"美死了，忍不住引用在此。

三年级上册，诗歌《瀑布》；三年级下册，散文《荷花》。四年级上册，散文《爬山虎的脚》；四年级下册，游记散文《记金华的双龙洞》。五年级上册，改编的神话《牛郎织女》。八年级上册，说明文《苏州园林》。九年级下册，议论文《驱遣我们的想象》。高中第一册《景泰蓝的制作》。十分遗憾的是，几十年来一直是经典课文的童话《稻草人》，小说《多收了三五斗》等，在新版教材中不见了身影。都是现代文学史上的开山之作，文字也不错，为什么删除了呢？有机会的话，我一定要向主编温儒敏、曹文轩先生讨教个说法。

历代苏州作者的课文还有不少。比如，范仲淹《江上渔者》、张溥《五人墓碑记》、顾颉刚《怀疑与学问》、杨绛《老王》、王一梅《胡萝卜先生的长胡子》、顾鹰《我变成了一棵树》等。

近水楼台先得月，向阳花木早逢春。不能遗漏的还有，作者不是苏州人，但题材是苏州的，这样的课文也能为苏州竞选语文课代表加分。张继的《枫桥夜泊》、常建的《破山寺后禅院》《资治通鉴·孙权劝学》……都是千古传诵的经典篇目。

就像一个人，苏州坐拥百城，堪称天下文宗。每每想到这里，拳拳服膺之际，我总觉自己有一份责任和担当。薪尽火传，作为苏州的一名语文教师，我做得怎样呢？

最后，我要向大家报告一个小小的喜讯。我这本小书的插图作者，是我的两个外孙女，大宝詹欣晨今年五年级，小宝詹欣晨今年二年级，都喜欢画画。但愿她们幼稚的画作，能给大家的阅读带来一点愉悦。

高万祥

（2022 年 3 月 30 日）